A
Brief
History
of TuoZhan Training

拓展训练简史

李冈幽 著

企业管理出版社
ENTERPRISE MANAGEMENT PUBLISHING HOUSE

图书在版编目（CIP）数据

拓展训练简史 / 李冈嶙著. -- 北京：企业管理出版社，2018.12
ISBN 978-7-5164-1818-5

Ⅰ.①拓… Ⅱ.①李… Ⅲ.①企业管理—通俗读物 Ⅳ.①F272-49

中国版本图书馆CIP数据核字（2018）第251322号

书　　名：	拓展训练简史
作　　者：	李冈嶙
选题策划：	周灵均
责任编辑：	周灵均
书　　号：	ISBN 978-7-5164-1818-5
出版发行：	企业管理出版社
地　　址：	北京市海淀区紫竹院南路17号　邮编：100048
网　　址：	http://www.emph.cn
电　　话：	编辑部（010）68456991　发行部（010）68701073
电子信箱：	emph003@sina.cn
印　　刷：	河北宝昌佳彩印刷有限公司
经　　销：	新华书店
规　　格：	170毫米×240毫米　16开本　14.5印张　183千字
版　　次：	2018年12月第1版　2018年12月第1次印刷
定　　价：	58.00元

版权所有　翻印必究·印装有误　负责调换

序
PREFACE

　　一九九七年三月，一个乍暖还寒的下午，一辆后来被"人众人"公司的拓展教练们戏称为"纪奔"的212吉普车，把我和另外两个中组部培训中心的同事拉到了西南方向距离北京市区80多公里的房山县岳各庄乡的一个小院子里（见图1）。院子的面积不大，但收拾得干净整洁，有很多刚吐出新芽的高大、婀娜的垂柳。院子的右边是一座长长的二层楼房，在它的南边儿还有一个高大的厂房，东边是一座小山包，山包顶上有一个仿古的小亭子。院子的中间有一块差不多两个篮球场那么大的平地，一半是花坛，一半是水泥地面。其实，这是一个普通得不能再普通的小院儿，但是，当我们在院子的西北角看到一座高达十几米、宽厚足有一米多呈直角状的两个墙面的钢筋混凝土建筑，以及依附在它周围的一些钢柱、钢索和可以攀爬、跳跃的设施时，才感到这个院子的特别。这个院子的主人刘力，指着这个给人厚重感的建筑物自豪地介绍说："这是我们'拓展训练'的一个综合训练架，在这个大架子上可以做很多训练项目。"接着他又领着我们参观了其他的一些训练器材和装备，看起来都很有意思，可因为时间的关系，我们不得不匆匆返回。一路上大家都在山南海北地闲聊，没有人再提到这个小院子和那个奇形怪状的水泥墩子，没有想到的是，这一天竟成为我职业生涯中的一个新的开端，由此走上了户外体验培训的广阔天地。

图1　房山县岳各庄乡的拓展训练基地

　　书的写作方式几经推敲和修改，最后决定采用夹叙夹议的方式，我更像是一边讲故事、一边发表评论的说书人。

　　为什么会把书写成这样，也是经历了一段时间的惴惴不安，担心写不好，让人看了笑话。可后来发生了一些可能会影响这个行业健康发展的事，让我觉得还是要写，而且要快。

　　我的担心怎么办？

　　我想，一段真实确凿的历史再现是很多人的事，我只把我看到的呈献给大家，将来一定还会有更多的人把他们眼中的"拓展训练"告诉给大家，这样大家就收获了一个丰富和完整的有关"拓展训练"在中国出现和发展的史实。

　　大凡写出一本生动的可以描述一段史实的书，必备两个条件：一个是有亲身的经历或是丰富的素材，另一个是有驾驭文字的能力。很巧，这两个条件我都刚好具备了。

　　这二十多年的拓展训练经历，我从开始就身体力行。作为热爱这种培训方式的培训师，我一直坚持在培训的第一线，

序

每年都会有几百场的培训,因此,培训中发生的事,见得太多了,经历得也太多了。

怎样才可以让读者对这些见闻感兴趣?在我的青少年时候,赶上了改革开放之前很多年的艰难生活,家里所有的人都被迫离开了北京,父母分别去了湖北和石家庄的"五七干校",大姐去了陕西宜川的农村插队,二姐去了黑龙江边的瑷珲县准备与"苏修"的来犯之敌决一死战,小我8岁的妹妹跟随父亲去了湖北,一个充满亲情和睦温暖的家,不知怎地就剩下我一个在北京的家里了。熬过孤独最好的办法就是看小说,于是每天千方百计地找来各种各样的小说、剧本,如饥似渴、没日没夜地看。很多人都有挑灯夜读的经历,可像我一样严严实实地把自己捂在被窝里一整夜,用手电筒照明把一本撕得没头没尾的外国长篇小说一口气读完,有这样经历的人,我想可就不多了。直到很多年后,我才知道这本书叫《悲惨世界》,作者是法国人让·维克多·雨果。从那时起,我深深爱上了文学,并有了一个当文学家的梦。幸运的是在从军戍边的那些年,恰好不是烽火硝烟、疆场厮杀的战争年代,我们驻防的地区风调雨顺,也用不着抢险救灾,有大把的业余时间,就开始了文学创作,没日没夜地胡编故事。20世纪80年代初发表了第一个文学作品——一篇短篇小说(见图2),第一次挣了50元的稿费,当时挺激动的,感觉功夫不负苦心人,当大文豪的理想只有几步之遥了。

当脱下军装时突然发现,对自己还有几分自信的我,比起那些在市委组织部研究所的新同事们,我的知识和技能简直差了半个世纪。军人的自信已见苍白,好在战士的拼命本性没有变,于是奋起直追,每天苦读英文,因此文学创作就此罢手,大文豪的梦就永远是梦了。但写东西是工作的必须,几乎每天

图2　作者发表的第一个文学作品

都要写，只不过不为发表了罢了。

我想有了这两个条件，应该可以给广大读者一本能看下去的书了。

不过，为了让大家能够更顺畅地阅读本书，请读者们先浏览一下下面的"导读"部分，这很重要，因为本书所讲述的是一个新兴的行业，里面有一些关于这个行业的专用术语，如果你不清楚的话，就会影响阅读本书的心情，而当你明白了这些术语的含义之后，你就会没有障碍、一气呵成地读下去了。

导读：名词解释

1. 拓展训练

体验式培训的一种形式，在香港被称作"外展训练"，源于国际组织Outward Bound的英文，1995年3月被引入中国时改称为"拓展训练"。

2. 教练

在本书中不是指那些在体育运动中训练运动员的人，而是特指那些带领学员参加拓展训练的专业人员。他们的工作职责是带领一个小组的学员完成一个以团队训练为主题的训练周期（天数不等）。在这个过程中，他们向学员布置每一个挑战的模拟任务，讲清楚在完成任务时必须遵守的规则和时限，在学员完成任务的过程中监督他们的行为并保护他们的安全。在任务时间到达时，无论学员们是否完成了任务，都要带领学员进行此次任务的总结，组织学员对自己在完成任务过程中的行为进行讨论，认真查找任务成功的优势或是没有完成任务的原因，同时，把学员们在完成任务过程中的行为与他们现实的工作情境相结合，深入讲授如何才能避免任务完成过程中出现的问题不会在现实的工作中再现的道理和方法。

3. 体验式培训

区别于传统培训重在讲授，以教师为教学主体的培训方式，增加了培训师与学员的互动，并且利用活动、游戏等情景模拟的方式使学员获得感悟，改变自己在职场上的工作行为。

4. 户外体验式培训

体验式培训的一种，与传统培训相比有三个显著区别：第一，培训环境。所有的培训安排在户外，利用一些人工的设施或自然的条件完成培训的任务。第二，培训的内容。传统的培训更多是知识和技能的讲授，但户外体验式培训更多的是关注学员的非智力因素，如态度、观念、意志、勇气、抗压能力、沟通能力与团队合作精神等。第三，培训的方法。传统的培训多是灌输式、讲授式，而此种培训是设计好一些与学员的工作和生活密切相关的活动，并把这些活动当作任务让学员完成，学员会在完成任务的过程中感悟出一些观念和道理，从而主动接受相关知识和技能，并应用在自己现实的工作和生活中。

5. 项目

是指在体验式培训和户外体验式培训中，为了达到某种培训目标而特别设计的活动和游戏。

6. 做项目

是指教练按项目的规则、要求、时间等指导和监控学员完成项目的过程。

7. 基地

从有拓展训练的第一天起，就把拓展训练的场所叫作"基地"，直到今天，但不巧的是与恐怖组织训练恐怖分子的地方重名了，为了避开可能引起的"恐怖"联想，本书把拓展训练的"基地"改称为"训练场"。本书中的训练场，专指建设有各种各样户外体验式培训项目设施的、可以提供参训学员食宿并开展拓展训练的类似度假村的场所。

8. 训练架

是为了达到户外体验式培训"挑战自我"的培训目的而特别建造的混凝土或钢木结构的高空训练设施。

9. 人众人

"人众人拓展训练"和"人众人教育集团"的简称。拓展训练最初引入中国的时候叫"北京拓展训练学校"，第二年注册公司时取名为"人众人拓展训练有限公司"，后来又更名为"人众人教育集团"。

10. 热身

培训术语，即在培训正式开始之前，通过"破冰——培训主题及培训方式介绍——团队组建——时间安排——提出要求和纪律"这些环节的讲授和活动，使参训学员完成从心理到组织架构的准备。

11. 回顾

拓展训练术语，来源于英文review，或是debriefing，是指教练在指导学员做完一个项目之后，带领学员分享和讲授的过程。具体地说，就是让每个学员讲出在做项目过程中的心得和感悟，教练根据学员的表现，总结该团队在项目中的经验教训，联系学员现实的工作与生活进行点评并上升到某种哲理或理论层面。这是拓展训练中最重要的一个环节，它是游乐场和培训场所的分水岭，是休闲娱乐与成人培训之间的根本区别。

最后，需要说明的是关于本书中提到的那些具体的人物，也就是书中"实名制"的问题。在回忆当年那一段经历的时候，那些一同工作过的同事们都是有血有肉、有个性、有故事、鲜活的人，所以，要讲拓展训练，要讲人众人公司的故事，没有他们的出现是不可能的。但是，我想呈现给公众的是客观事实，就像是街头监控录像机拍出来的情景，而不是改编过的故事，那么书中的人物就一定有英雄的伟岸，也会有常人的情怀，有高尚的情操，也有可以容忍的弱点，赞美的话人人都愿意听，说到缺点的时候就不免有人身攻击之嫌了，所以，在书中重要的人物保留姓氏，非重要人物全部更名。

俗话说"谁人背后无人说，哪个人前不说人"。如果有人对号入座，感到心里不舒服的时候，用这句话宽慰一下自己吧。

李冈豳

2018年11月

目 录
CONTENTS

第一章　著书动机　01
第一节　在还能说清楚的时候尽可能说清楚　03
第二节　拓展训练的起源　05
第三节　拓展训练掀起的波澜　07
第四节　拓展训练让企业和各类组织受益　10
第五节　行业发展现状　17
第六节　推动拓展训练行业健康和规范地发展　27

第二章　初期的拓展训练　29
第一节　企业管理从制度流程开始　31
第二节　站得高才能看得远　33
第三节　团队的管理　36
第四节　思想建设　52

第三章　"人众人"的扩张　61
第一节　上兵伐谋　63
第二节　特许加盟　70

75 第四章 完善产品——培训品质
- 77 第一节 班后会
- 81 第二节 培训评估
- 92 第三节 拓展训练重在育人
- 97 第四节 如何做出令学员满意的分享

103 第五章 完善产品——训练安全
- 105 第一节 初期，我们不懂安全
- 113 第二节 安全是"拓展"的生命

第六章 客户第一 119
- 第一节 服务型产品 121
- 第二节 客户至上 124

第七章 用人成事 129
- 第一节 至关重要的岗位 131
- 第二节 做"拓展"还是人多点好 139
- 第三节 兼职教练 141

147 第八章　产品创新
　　第一节　企业的创新概念　149
　　第二节　三次创新高潮　154
　　第三节　创新必须包容失败　166

第九章　"拓展"的裂变　173
　　第一节　经济铁律　175
　　第二节　第二家拓展公司　177
　　第三节　何以铺向全国　181
　　第四节　上海多家拓展公司诞生了　182
　　第五节　分裂的是与非　191

后记　211

第一章
著书动机

1

著 / 书 / 动 / 机

第一节 在还能说清楚的时候尽可能说清楚

"拓展训练"从1995年出现在人们的社会生活中直到今天（2018年），在中国已经走过了23年的发展道路，越来越多的人了解和熟悉了这种户外体验式的培训方式。但是，拓展训练是怎样产生的？来源何处？我听闻了不同的说法和多种版本，无论这是以讹传讹，还是别有用心的，总之不少，但是作为亲身经历了拓展训练在中国发生和发展的人，我有责任和义务把事实陈述清楚，因为这是真实的历史，而历史不容篡改。可能我们今天觉得这是一桩小事，因为我们是见证者，大凡亲历者都不会觉得今天发生在身边的事有多重大，可你要为子孙后代着想啊！

到过川蜀的人都知道，近些年在那里有两个重大的考古发现：一个是三星堆遗址，另一个是金沙遗址（见图1-1）。这两个遗址在古代都曾经创造了灿烂的文明，被誉为"世界第九大奇迹"。

我在成都时参观过金沙遗址博物馆，里面有金器、铜器、玉器、石器、漆木器等珍贵出土文物6000余件，极其精美，也极其珍贵，可是对我触动最

图1-1 三星堆与金沙遗址

深的不是纯金的太阳神鸟,也不是高达2.62米的青铜立人像和上百根的象牙,而是强烈的好奇:创造了这奇迹的究竟是些什么人?为什么一点印迹都没有留下?又是什么原因让他们突然就人间蒸发,消失得无影无踪呢?是这样一些问题让我感叹,让我牵挂,以至魂牵梦萦。

所以,如果今天没有人以各种文字的方式郑重地把拓展训练发生和发展的故事证明和确定下来,那么可能百年后的教育研究者们,就会在浩如烟海的信息资料里面浪费他们毕生的时间和精力来证明:中国的拓展训练出自哪里?史上那些传说中,哪一种才是真实可信的?他们那样地辛苦劳动,只是因为当年没有一段对拓展训练情况的精确描述。今天为止,既然还没有哪个想说说这个事,那么"天降大任于斯人也",还是我斗胆来说吧,因为我经历了拓展训练发生的整个过程,知道它的来龙去脉,有这个资格。

毕竟拓展训练在整个中国波澜壮阔地发展,越来越多的年轻人开始进入这个行业,当他们开始从事这个工作的时候,他们应该知道自己的"根儿"在哪里?

当然,必须要说明的是,这本书所描述的是一个宏大的场景,既有十年的发展历程,又有一个企业(人众人公司)在不同地域、不同岗位的丰富性。我虽然经历了公司创建和前期发展的过程,但我经历的只是我亲眼所见的拓展训练发展和人众人公司的发展,而不是别人经历和亲眼见过的这些发展,我不可能知道这些年里拓展训练和人众人公司在发展中每天发生的每一件事,也不可能经历其他部门和各地分公司的情况,因此这本书就是"简史",简单的一部拓展训练发展历史。鉴于是我本人经历过的事情,从我的视角出发,因此,本书一定会有局限性的。如果有人读此书之后提出"你讲得不对",或是"你讲得不完全",我只能说,那是因为我没有经过、见过,或是经过、见过的不完整而已。

再有一个需要说明的是,拓展训练从发生到今天,我认为可以分成三个阶段:第一个阶段是1995—2005年,整整十年的时间;第二个阶段是2006—2011年,即人众人公司"卖掉"自己的那一段;第三阶段是2012年至今的后人众人阶段。第一阶段的十年是拓展训练这个产品从极大缺限走到基本成熟的一段时间，也可以说是产品初步完善的阶段；而2006—2011年，这个产品仅是简单的修修补补而已，当代表着正宗"拓展"的人众人公司"先烈"之后，此行业就真的进入一个"野蛮生长"时期了，因为从业者都不知道应该以谁为榜样，该向谁看齐了。

本书讲述的是拓展训练的起源和发展的第一个阶段，就是1995—2005年这十年，人众人公司是如何创造了"拓展训练"这个产品，并用了十年的时间把"拓展训练"这个产品从粗糙修磨打造得基本成熟。

此外，人众人公司是拓展训练最初的载体，因此，讲述拓展训练的发展一定离不开对人众人公司成长的描述。人众人公司创造和发明了"拓展训练"这个产品，也在使用这个产品的过程中认真修补它的缺陷，增加它的功能，美化它的外表，使它一点点地、一步步地走向更加适合中国的企业和社会各类组织需要的产品。那么，为了这个产品的完善，人众人公司又做了哪些努力呢？作为一个现代组织管理和团队建设的研究者，我目睹了这家公司从产生到消亡，也就是从"先驱到先烈"的整个过程。在这个过程中，它的管理者们既有正确的运营和管理决策，也有在这两方面的不足，因此，想从企业管理角度出发，说些我个人意识到的人众人公司成功的经验及失败的教训，目的是给未来的创业者一个参考，让更多未来的创业者避开失败的陷阱，特别是今天想要从事拓展训练的创业者们。

第二节　拓展训练的起源

我国在20世纪七十年代，正处在"文革"结束、百废待兴的阶段，那个时候，除了"两弹一星"，几乎所有领域与西方发达国家相比都相差甚远。为了缩短这个差距，国家实行了全面的改革开放政策，开始向西方发达国家学习先进的技术和管理，当然也包括人力资源管理和现代培训。要实现国家现代化的目标，人才是关键，因此，我当时所在的中组部培训中心与联合国UNDP（计划开发署）合作实施了一个对华的援助项目，对方出资为我们建立一个现代化的培训中心，并聘请西方发达国家在这两个领域里的一些著名的专家、学者来华讲学。培训中心在全国范围内组织了一批干部教育系统的优秀教师和年轻干部来学习这些先进的培训理念和培训技术。这个时候，虽然我还没有调入中组部，但是由于这个项目是我所在单位北京组织人事科学研究所与中组部一起合作的，因此我全程参与了这个过程，并在整个项目中担任行政工作（见图1-2）。这个项目从1988年开始，持续了近两年的时间，这批学员系统地学习了当时欧美最先进的人力资源管理和现代培训的各种技术，并在学业完成后，组织他们到一些发达国家去参观考察，以及进行各种形式的学术交流。

这个项目结束后，我才正式调入中组部的培训中心。

1991年，在我们培训中心举办的一次国际研讨会上，来自香港外展训练学校（OUTWARD BOUND HK）的培训专家们介绍了一种新鲜特别的培训方式"外展训练"。随后不久，培训中心组织一些业务骨干去香港外展训练学

图1-2 作者陪同来自欧美的培训专家课后在北京游览

校学习，刘力是其中之一。他们在那里参加了一个为期10天的领导力课程培训班，亲身体验了一下这种别具一格的培训方式。这次培训给了刘力这个培训工作者强烈的震撼，这是一个让人耳目一新的培训方式，从培训的形式到培训的效果都与传统的培训有很大的不同。他觉得这种培训完全应该被引进国内，让我们的培训也有一些现代化的味道，让我们的国人从这样一种培训方式中受益。

有了这个想法之后，刘力就在培训中心积极地推动这个项目的实施，但是培训中心的领导出于种种考虑，没有批准这个项目，所以他后来对我说，"既然在培训中心不能做这件事，那我只好自己干"。

于是他离开了我们这个单位，经历了两年多漫长又艰难的努力和探索（这个创业过程的艰辛和不易，笔者在2008年出版的《做最好的拓展培训师》一书中有非常详细的描述）。1995年的3月15日，"北京拓展训练学校"在北京房山区岳各庄乡的新华社绿化基地默默地诞生了（见图1-3）。就像每个普通人出生那样，静悄悄地来到了这个世上，没有人在乎它，即使是二十几年后的今天，也没有太多的人在意它，但是我想，总有一天，会有很多人想到那一天，想到那个诞生了中国户外体验式培训——"拓展训练"的军营，因为拓展训练在中国开启了户外体验式培训的先河，在成人培训的领域里成功地实现了飞跃，为国家发展做出了巨大的贡献。

第三节　拓展训练掀起的波澜

和很多人一样，我也有创业的情结，总觉得这一辈子没有干过这个事情，到老的时候肯定会后悔，就自己创业了。在这个时候，自己公司的业务不是很多，反倒是全国各地很多创业时间不长的小公司特别需要我的帮助，因此，在这段日子里，我到过全国很多地方，碰到很多从事拓展训练时间不长的同行。他们年轻，敢想敢干，对拓展训练这个行业和拓展培训师这个职

拓/展/训/练/简/史

业充满了激情和憧憬，但是，由于他们进入这个行业时间较短，加上没有做培训的经历，很难准确地把握他们正在做的是什么事情，所以我经常会遇到他们中有人问我这样的问题："李老师，你从事拓展训练这么多年了，你觉得'拓展'是什么？"

图1-3　北京拓展训练学校房山训练场地

事实上，这个问题自从拓展训练在中国呱呱坠地之后的最初一两年里，就不断有人在问，很多人实在搞不懂这种很像游乐场，又不是游乐场，像是培训，又不讲什么课的活动方式，怎么会让那么多的人趋就，尤其是在周末，经常有一两百人驱车朝着房山区的一个不知名的小村子里跑。于是，真的惊动了很多人，他们的心头都有这样的疑问，也都想找到解开这个谜团儿的答案。

记得有一天我在房山准备迎接参加拓展训练的学员时，接到刘力的一个电话，他对我说："有一个文化人今天会到训练场去，你接待他一下，然后给他安排一个队，让他跟队体验一下拓展训练。"晚上八点多钟，当我给两

第一章 著书动机

家公司的100多名学员做完了热身，在灯火通明的院子里正在安排学员的住宿时，这位文化人果然来了。和他一见面，我一怔，这个浓眉大眼、威严帅气的汉子似曾相识，好像和他在哪里见过？当我把他和另外两位与他同来的、闪着警觉目光的年轻人领到办公室里坐下，我突然想起来，这不就是大名鼎鼎的与众多"气功大师"们斗智斗勇的司马南先生吗？简单的寒暄之后，他开门见山地说明来意，并提出了几个问题让我解答："你们是做什么的？怎么会有这么多的人来这里？他们来这里干什么？"

我回答说："我们是做拓展训练的，他们是参加训练的学员。"

他又问："什么是拓展训练？"

看着他一脸的严肃认真，想起他曾与"气功大师"们斗智斗勇的英勇无畏，我猜想，他大概也把我们当成了骗人邪教了，并且他已经做好了"战斗"的准备，随时会扬眉剑出鞘的，如果是这样，那我可要给他说说清楚了，于是我态度真诚、深入浅出、指手画脚地解释了20多分钟，之后我发现他脸上绷紧的肌肉慢慢地放松，渐渐地绽放出温和的笑容。唉，他总算明白了。

他对我说："既然如此，那我就回去，不打扰了。"

我说："既然来了，就体验一下吧，跳个断桥、单杠，看看您的心理素质怎么样？"

他微笑着，很自信地反问我："我的心理素质还有问题吗？"想起他为了揭穿伪科学的骗人把戏，勇敢地与那些人刀兵相见，应该见过多少大场面啊，于是我笑了："那当然，您的心理素质当然很好，但是，还是看看再走吧，眼见为实嘛。"

他稍微思索了一下，点头同意了，可陪他同来的两个年轻人立刻变得神情紧张，其中一个力劝他今晚就走，不要住在这里，大有一种如果今晚住在这儿，夜里就会被某个"孙二娘"做了人肉包子的担忧。

可先生毕竟不是一般人，他决定不走，在我们这里住了一晚，第二天上午他做了一个空中单杠的项目之后才离开。

这件事发生不久，又有一个重量级的人物到访"人众人"的这个拓展训练场地，他是当时的北京市委副书记。我恰好也在训练场，知道副书记下午要来这里看看的消息后，马上通知了刘力，他立刻驱车赶来了。这位副书记到达训练场后，在院子里转了一圈儿，在会议室耐心听取了刘力的汇报，鼓励我们做好这项工作，停留近两个小时才离开训练场地。

现在，随着越来越多的人参加了拓展训练，加上各种媒体不断地传播，知道拓展训练的人也越来越多了，而在当时，的确没有几个人能说得清楚什么是"拓展训练"。就是在今天，也不一定所有从事这个行业的人都说得清楚。

其实回答这个问题并不难，只是因为隔行如隔山。很多人在进入这个行业之前，对现代培训知之甚少，因此很难准确把握和理解它，或是简单又明确地给它下一个定义。

每当我听到这样的问题时，我就会把我自己对这个问题的看法和大家分享，但是还是不断有人问我同样的问题。于是我想：我为什么不把它写出来，这样不是更方便吗？但是怎么写，不知道：一篇文章？一本书？

第四节　拓展训练让企业和各类组织受益

在最近的两年里，我见到各地的拓展训练机构呈几何级数地增长，在一些经济发达的地区，这类培训公司更是如雨后春笋，这是因为进入这个行业的门槛很低。你要做一家银行吗？恐怕没有十几个亿是不行的。就算是开个像模像样的拉面馆没有几十万元也不行。但你要是想做"拓展训练"，你只要有个十几万、二十几万元的人民币就可以了。前几年你还需要找个合作单位，搭个哪怕是简易的训练架子，拥有一个属于自己的训练场地，可是近两年，在某些经济繁荣、培训市场昌盛的地区，你连这样的训练架子都不用建了。因为很多坐落在郊区的酒店、度假山庄和一些单位的培训中心里面，早已建好了这些训练设施，有些还是他们在设计这些场所的时候，作为配套设施同步设计和施工的。当然，他们不是要从事拓展训练这个业务（个别也有做的），他们的目的是用这些设施招来更多的人在他们那里消费。因此，有不少人干脆连拓展训练场地都不用建了，有培训的时候，按照客户对食宿的要求临时租用就可以开展业务了，门槛再次降低，低到你没钱都可以做了。

逐利的本性让很多人、很多企业挤进了这个行业，甚至还有销售额几个亿的上市公司也挤进来要分一杯羹。其实这倒也没什么，因为这是一个很正常的经济现象，也是一个很正常的市场行为，但是如果这些机构的经营者都能给消费者提供合格产品，那我们宁肯为这个行业百花齐放的春天而喝彩，可如果我们发现他们其中的一些机构仅仅为逐利而提供给消费者假冒伪劣产品时，就像其他行业中出现的让我们震惊和悲愤的事件，如含有"二甘淳"的亮菌甲素注射液、只有菊花精和炒面而没有蛋白质的奶粉、用灰淀粉假冒的化肥、注过水的猪肉、硫磺熏出来的馒头、地沟油炸的油条等，那我们就有理由和消费者一起对他们说"不"，因为拓展训练是一个高风险的行业，输出劣质的产品是要出人命的！

当我看到一些拓展训练机构的经营策略和他们的培训师的现状的时候，想写点什么的想法就更加强烈了，而且如果要写的话，一定不再是"什么是拓展训练"这样一些名词解释了，而是一个拓展人对这个行业20多年来的经历和思考，对未来的展望，因为我真的担心，如果这样发展下去，可能会毁了一件利国利民的好事。

其实在开始做"拓展训练"一段时间之后，我就顿悟了一个事实：拓展训练实实在在是一种振奋人心和催人向上的培训形式，在增强团队精神、提振员工士气、培养良好心理素质、激发积极心态、增进员工间的沟通和理解，以及探讨管理技能和经营观念等方面，有着传统培训不可替代的作用，这样一种培训形式在我们国家实现"中国梦"蓝图的今天，一定可以发挥它的作用，做出它的贡献，

拓/展/训/练/简/史

那个时候，每一次做完拓展训练之后，都会看到学员们和组织者积极热情的反馈，我感到了他们的振奋，看到了他们的改变。有几件事让我印象深刻并感动：

1998年的秋天，北京一家五星级酒店的一位副总，带领全体中层管理干部来到北京拓展训练学校，做两天的拓展训练，他们的培训需求是解决沟通和部门隔阂的问题。我当时在北京拓展训练学校任培训总监，这个班由我来做主带，训练很顺利，气氛也好。到了这一年的年底，北京人众人拓展训练学校在京伦饭店举行了一个盛大的客户答谢会，在这个会上我又见到了这位副总。我以为他是来出席这个答谢会的，就热情地招呼他进会场，可是他对我说："我不是来吃你们这顿饭的，我只是有事来找你的。"我很奇怪，就问他何事？他对我说："上次在你们那里做完拓展训练后，大家的团队精神增强了，工作的积极性和主动性也明显提高了，过去我们存在的一些问题也都不同程度得到改进，由此，我们各个部门的各项服务指标都在节节上升，业绩也在大幅度地提升。可是三个月过去了，我发现这个上升的势头在减慢，我非常担心大家又回到做拓展训练前的状态，因此想请你给我们的中层管理者们再做一次拓展训练。"

虽然，后一次的培训因为一些客观原因没有实施，但是可以由此判断，上次的拓展训练给这个企业带来的好处是千真万确的。

还有一个GPS公司，是个很小的企业，只有二十几个人。这个公司的老总是个典型的知识分子，他的员工曾多次向他推荐拓展训练，但是他总觉得效果不可能有那么大，又要花钱，因此都被他拒绝了。有一次，他到联想公司去，因为他们和联想的一个部门有合作的关系，当他到达那里的时候已经是晚上八点多钟了，但是他看到几乎每个办公室里都灯火通明，很多人在加班，并且大家都是有说有笑，情绪高涨，丝毫没有被强迫或是不得不加班的感觉。他非常奇怪，就问联想公司的那位部门经理："你们的员工为什么会有这样的精神状态？"那位经理只说了一句话："我们刚刚做完拓展训练。"这位老总回到公司立刻命令他的行政部经理联系我们，并且很快就来

第一章 著书动机

到我们在北戴河的培训基地，做了一次拓展训练。这个故事是我们在北戴河第一次见面时他告诉我的。

另有一次我带队培训，队里有个年轻的胖小伙儿，看得出来是个内向和腼腆的人。在两天的培训中他很少说话，但是在训练结束后的小组总结时，出人意料地说了一段让人很感动的话，他说："我是一个内向的人，平时不敢说话，担心说不好让别人笑话，可是通过两天的拓展训练我突然发现，其实没有什么可怕的，断桥我都勇敢地跳过去了，张口说话又有什么好怕的，今后我要坦诚无畏地和大家沟通和交流。"

还有一位中年女士，我永远都钦佩她。我站在高高的训练架上，主持断桥这个项目，突然听到下面有哭声。我低头向下面看去，这位女士一面哭着，一面向上爬，她上来的时候眼里依然充满了泪水。可以想象她完成这个项目的艰难程度，但总算是完成了。后来她告诉我："我是一个胆子很小的人，可我真的想做一个勇敢的人，所以我坚持第一个做这个项目，一定要克服这个弱点。"我问她："那你为什么要第一个上？"她有点不好意思地回答："如果我要是最后上，那我就真的不敢了。"她这样说着，可是写在她脸上的却是自信的表情。一瞬间，我更深刻地理解了朋友吴博士的一句话："断桥一小步，人生一大步。"就是说，对很多心理障碍较大的学员来说，断桥上的一小步，实际上就是他们突破了自我，在自己的生命历程中发生了一种质的改变，从而迈进了一大步。

顺便也坦率地向所有的企业和组织管理者解释一下，那些高空挑战项目对于员工来说，是震撼，更是心结的打开，是否有勇气做事，比学历、经验更重要，因此你要想你的员工敢于挑战现状，那就去让他们跨过"断桥"。现在很多企业的办事人员因为找了不专业的拓展训练机构导致一些安全事故，这不是拓展训练的错，这是HR选择不专业的拓展训练机构的错。事实上，你抵制拓展训练的高空挑战项目，受损的不是拓展训练，而是你自己的企业。

当年，令我最感动的是一位有残疾的女孩儿。她的双手一共只有5个手指，还是残缺的。她和她公司的全体员工来到人众人在北戴河的培训场地做培训，其中有一个项目对她来说是几乎不可能完成的任务——攀岩。攀岩是一个个人挑战的项目，它对学员的要求是尽自己最大的体能向最适合自己的高度攀爬，也就是说，首先要给自己设定一个目标，然后充分调动自己的潜能达到这个目标。如图1-4所示。

图1-4 北戴河拓展基地攀岩墙

当这个女孩儿所在的队挑战这个项目时，所有的队员都认为她不可能完成这个项目，包括培训师，所以培训师从她的身体情况考虑，也建议她不要做这个项目了；但是，在项目接近尾声的时候，她突然向培训师提出也要做这个项目，培训师认为她是一时心血来潮，看到别人玩得开心热闹也想参与一下，于是就劝她还是不要做了。理由很简单，做过这个项目的人都知道，攀岩最重要的是指力，也就是手指上的力气要大，一个专业的攀岩运动员可以用一个手指挂在一个固定点上把自己整个身体悬在空中，体能不是很好的普通人，或者说不经常锻炼身体的人，不要说一个手指，就是用一只手握住单杠也吊不起自己的身体，何况这是一个双手残疾的女孩子，她怎么可能抓得住岩点，就是抓得住，又怎么可能发力，可是她态度坚决地说："我的手是有残疾，但是我的心没有，我知道您是为我着想，但是，我想做到大家都能做的事，我不想让大家都认为我是弱者，时时处处都照顾我，让着我，我会尽我最大的努力，给我这个机会吧？"培训师被感动了，在场的学员和工作人员也都被感动了。大家七手八脚地帮她系好安全带，戴上安全头盔，做好安全保护。培训师详细地给她讲解了攀爬的技巧，然后送她到出发点。所有的人都注视着她，就好像父老乡亲欢送即将出征的战士，期盼一个凯旋归来

第一章 著书动机

的佳音。

她的攀爬过程是异常艰难的，我想所有的人都可以想象她的攀爬有多么地艰难。她仅存的手指没有前端，在抓住岩壁的时候只有用骨头吃力，那一定会是钻心的疼痛。她不是专业运动员，也没有过人的体能，由于双手的残疾，她要付出比常人更多的体能。有好几次她从半空中落下，每落下一次就要下降两三尺的距离，因为保护绳有弹性，前面就白爬了，落到哪儿，就要从哪儿重新爬起。队员们心疼她，劝她不要再爬了，培训师也担心她的手指会受到伤害也劝她放弃，但是她咬紧牙关说什么也不答应，就好像爬上顶端是她生命的需要。我想这是一个有钢铁般坚强意志的姑娘，如果我们可以看到她的心，那一定是一颗像钻石一样坚硬，也像钻石一样纯洁璀璨的心。在做了拓展的培训师以后，我见到过无数的学员，有些人缺乏起码的意志力，在做项目的时候，仅仅是累一点或是担忧不可能发生的危险就轻易地放弃了，如果他们能够有机会看到这位令人尊敬的姑娘，他们会惭愧的，因为他们能意识到：他们的身体没有残疾，但是他们的心有残疾。

女孩儿还在艰难地攀爬，可以看到贴伏在岩壁上的她背部的T恤衫被汗水浸湿了一大片。在场的人都被她的精神所感动，她所在团队的队员们在队长的带领下，一遍遍地高喊着她的名字和"加油"，隔一会儿又一起高唱他们的队歌。一种由感动和激动交织在一起的情愫在人们的心头升腾，一种由真诚和善良凝聚的气息在北戴河拓展的训练架边萦绕。在她即将到达顶点的时候，已经不是她所在团队的队员们在喊，而是所有在场的人在自发地、一遍一遍整齐地喊着"加油"，声音是那么地嘹亮，是那么地高亢振奋。在她的手触及顶点的时候，所有的人都发自内心地为她欢呼雀跃，掌声雷动，那振奋的欢呼声冲向云天，盖过了不远处大海波涛的轰鸣。

如果说上面的这些感人的事情多少有些王婆卖瓜之嫌的话，那么来自客户的评价应该是可信的了，下面是一位参加了拓展训练的学员回到单位后写的感想。

拓/展/训/练/简/史

早就知道"拓展"是个好东西，实践比预计的还要好些。

"预计"。因为20年前就带过兵，所谓"体验式"莫过于军营。于是在心中，有些"小儿科"，有些做作，有些让年轻人激动而年长者尔尔的感觉出现。

"实践"。我们中最聪明的小伙子开始时在"个人文字表达"一栏中写了"无"。大家乐他，说是写的"天"字吧，他说就是写的"无"字，就是没什么可说的。那架式，是要显出一种矜持，一种个性，只是没有对来这里的投入。不过到第二天总结的时候，数这孩子话多，而且是那种妙语连珠式的。被"拓展"同化了。

好多话，领导在开会时没有少说，但在"拓展"时听教练说，感觉就不一样。做完爬墙头（好像是叫什么求生）项目，教练说"没有没用的人，只有没有用好的人"，至理，是对领导说的。做完"背摔"项目，教练讲"信任与被信任，承诺与被承诺"，由衷，是对大家说的。这些话，在这里说，由于情景、经历和氛围不同，很顺畅地被接受了，然后影响到自己的行为。这时候，"训练"起到了"教育"的作用。

希望训练的过程有同步的影像资料，不单是为了留个纪念（商业社会，留纪念的需求当然也有商业价值），更是为了回来能够进一步进行分析，找出问题。特别是最后做的"荒岛求生"游戏，我们的三个组中有两个没有完成。完成没完成，都值得研究。不是研究做游戏，而是研究游戏中各人的状态，从中可以找出实际业务中的问题。我想校长会注意产品的"高级化"，也会注意现有产品的"精细化"。

证券市场周刊主编　杨　浪

那时候人众人公司为了宣传拓展训练，收集了很多学员的感想，这一篇的选择是因为作者的客观与中庸以及坦诚的字句。

这种事例在我近20年的培训过程中遇见过很多，并且我也相信每个从事拓展训练的培训师也都见过很多。是学员的改变让我们感动，是学员的进步让我们得到成就感，也让我们更加深刻地理解了这个职业的意义非凡。

第五节　行业发展现状

现在，当我见到一些拓展培训机构的做法时，我真的担心，拓展训练这样一件利国利民的好事会经历严寒。

这可不是危言耸听，有几个案例都是发生在最近的事儿。

2007年的春天，一个朋友请我去做一个培训，受训的这家公司有近180人同时参训，他们不得不在北京延庆县一个著名景区的度假山庄里做这一次培训。因为这个山庄里有很多他们自建的高空训练设施。

这一天的上午我带着我的一队学员做"断桥"这个项目，在我的身后十几米的地方有一个叫作"高空相依"的高空训练项目。

这个项目是一个高空双人合作项目，它的做法是，学员两个人分成一组，系好安全带、挂上保护绳之后，他们两个从两根铁柱做成的梯子上爬上8米的高空，然后两人面对面分别站在两条钢丝绳上，用双手扶住对方，然后向另一端前进。由于这两条钢丝绳不是平行的，而是梯形，也就是说，越向远端，两根钢丝绳的距离越远，两个人就要不断地调整他们相互支撑的姿势，一不小心就会掉落下来。这个项目考验学员的勇气和配合协调能力。

我的朋友带着另一个队在那里做这个项目。如图1-5所示。

这一天天气很好，阳光灿烂，尽管是在户外，但太阳照在身上暖洋洋的。项目进展得很顺利，我这个队的队员们心理素质良好，他们几乎都没有耽搁太多时间就完成了项目。已经是最后一个队员了，当我接她回来的时候，突然听到身后传来一些人的惊叫，我本能地回头去看，原来是身后做"高空相依"的两个学员从上面掉下来了。这本来很正常，因为没有几个学员可以从头走到尾，常常是走到一半的时候就撑不住掉落下来，但是他们身

拓 / 展 / 训 / 练 / 简 / 史

图1-5 拓展项目：高空相依

上都系着安全带，在安全带上连接有保护绳，由下面的培训师或学员紧紧拽住，因此在上面做项目的学员是绝对安全的。那些惊叫声就是两个掉下来的队员因为突然坠落心里紧张而发出来的。我看着他们在下落，觉得他们的反应很正常，但当我看到设施在晃动的时候，又感觉有一点点不正常。大概是因为他们两个体重稍大，掉落的时候向下的冲坠力量很大。保护绳是通过拴在两边的四根铁柱子当中的钢丝绳起作用的，当他们下坠时被保护绳拽住了，钢丝绳就被他们的体重向地面拉拽，钢丝绳又拉动两边的铁柱，四根铁柱在拉力的作用下就向中间弯曲。其实这也正常，但我真的感觉有点异样，好像铁柱在颤抖，它不应该有这样的颤抖。当疑惑正在我的脑袋里游走的时候，惊人的一幕出现了，右边的两根铁柱摇动的幅度在加大，突然开始向里倾倒，不知为什么它们没有向对面的两根铁柱倒过去，而是向左前方，大约有30度角的方向倒下了。我看到有几个在右边的学员已惊叫着作鸟兽散，只有带队的教练还站在原地，不知是被吓呆了，还是因为他相信倒下的铁柱不会砸到他，他才没有动。我看到他神情紧张地抬头看着正在半空中向下扑倒的铁柱，我想按照铁柱倒下的方向，距离他站的位置有一两米，他应当不会被砸到，悬在嗓子眼里的心稍稍落下了一些。但是刹那间，又一个我们都意想不到的事情发生了。原来倒下的铁柱在距离地面不足1米的时候，突然被嵌绳拽住了，它不能倒向地面，就开始横向移动，飞速地直向朋友的膝盖的高度横扫而去。如果就这样扫到他的腿上，必折断无疑。就在这时，朋友看到扫过来的铁柱，本能地迅速跳起，就在他刚刚跳离地面，铁柱就狠狠地撞击到他小腿侧面。他就像一段被击打后的木头，身体在空中快速地转了一圈，然后重重地摔在地上……

中午休息的时候，我去看了那两根倒在地上的铁柱的柱脚，让我惊诧不已。它的建造是实实在在、地地道道的豆腐渣工程，一根重达近1吨的铁管下面的法蓝盘居然只有5~6毫米厚，而固定这个法蓝盘的居然只有5根直径10毫米的螺栓。更让人感觉恐怖的是，这5根螺丝的断面完全是黑颜色，也就是说，它们早就锈蚀了，只不过是在几根钢丝绳的牵制下还能站立在那儿而已。我当时把现场这些都拍照了，但是当时的手机并非智能，随着手机的损毁，所有的照片都随风飘去，没有留下来。

所幸的是，朋友没有大碍，当铁柱击中他的小腿时，他已经跳离了地面，没有了与地面的摩擦，打击就小多了，因此骨头没有断，只是皮肉之痛。令人钦敬的是，我的这位朋友意志过人，在接下来的培训中，他把疼痛淹没在又一次的完美培训中，他指导的那个队的队长在训练总结时由衷地赞叹："这一天的培训，让我们享受了VIP式的服务。"直到培训结束他才一头扎进医院。

2007年5月去天津，当地的一个培训师告诉我，在一个出租的基地里，他曾经亲眼看到另一个培训机构的一个年轻人带着学员做"背摔"这个项目时，由于这个年轻人根本不知道如何规避这个项目存在的危险，项目的指导异常简单，所以当一个体重比较大的学员摔下时，造成了三个接他的学员"一个两颗门牙被砸掉，一个鼻梁骨被砸断，一个一条胳膊骨折"的惨剧。

拓/展/训/练/简/史

我问他为什么会发生这样的事，他告诉我："这边的拓展训练比不了北京，企业能拿出做培训的钱有限，培训公司的老板养不起专职和专业的培训师，所以他们不得不使用一些体院的大学生，那些大学生又没有接受过专业的培训，才会发生这样的事。"他看着我不解的神情，说："李老师，这还不算什么，你们来的路上看到一个训练基地吧？"我想了想，确有其事。他说："就是那个基地，去年刚刚建成，第一次培训时就摔死了一个学员，安全带开了，那个基地从此就再也没有用过了。"

2007年7月在杭州，一个培训机构组织了一次培训，他们自己没有培训师，就请了两个学生来。他们完全没有安全保护的常识，一个学员在做空中单杠的时候直直地俯面摔在地上，听说总算保住了性命，但从此残疾将伴他一生。

2007年8月，听到一个消息，国内最大的户外体验式培训机构，一位学员因为身体的原因不想做天梯这个项目，可培训师误以为他是心理问题而一定要求他做，他赌气就做了。做完后感觉很不舒服，就提出不去吃午餐，离开队伍后还没有走到宿舍就走不动了，埋头坐在了路边的台阶上。当另外队的同事发现后，赶快把他背回了宿舍，并通知了服务员，服务员又去找基地主任，却很久没有人来。学员一看他的状况很不好，又等不到有人来处理，就自己打了急救中心的电话。等救护车来了，这位学员已经停止呼吸。

如果这些事情是发生在拓展训练的最初阶段，可能还有情可原，但是发生在已经有了此行业各种安全操作规范的今天，就真是太不应该了。

那是不是说只要能够保证学员的安全就可以了呢？

不行！因为拓展训练不是旅游休闲，不是体育运动，不是军训，不是魔鬼训练。

拓展训练是一种培训。那么什么是培训呢？

专家们这样告诉我们：所谓培训，就是指通过教学或实验的方法使一个人的行为方式在知识、技术和工作态度等方面有所改进，从而使他/她能够按预期的标准或水平完成工作。

目标是什么？改进，然后完成工作。

手段是什么？教学和实验。

那培训师需要做点什么？人家怎么改进？怎么去完成工作？

这不是我们自己的一厢情愿，是客户的需要。

2002年，为了研发新的课程和新的项目，我向公司建议，应该做一个客户需求调查，也就是今天所谓的"大数据"的方式，因为我非常想知道客户需要什么，他们想要什么，只有搞清楚这些，我们的研发创新才有目标，才有方向。这个提议得到了当时公司杜总裁的大力支持，于是在我的主持下，在北京和上海这两个培训需求最大、培训成熟度也比较高的城市进行了一次大规模的客户培训需求调查。这次调查历时一个月，我们把平时了解到的一些客户关心的问题整理成问卷，请我们的项目经理广泛地发给客户，在他们的协助下，我们一共收回了有效问卷110份，成功地完成了这次调查。

说到这次的客户需求调查，我非常想感谢一个人，她是当时人众人公司在上海学校的客户总监，我们都叫她Linda。她是从上海中欧国际工商学院来到我们公司的，是一位聪明干练、非常执着的女强人，在工作风格上讲究章法、追求效率。她对手下员工说："我已经把自己一生的每个阶段都设计好了。"我们的员工听得目瞪口呆。如果说这次调查基本成功的话，那么她的推动、她的工作效率，起到了至关重要的作用。我没有机会当面对她表示感谢，因为在完成了那次客户需求调查之后不久，因为一次工作上的意外事故，她也离开了公司，我想如果她有机会看到这本书，她会接受我的谢意的。作者与Linda的合影，如图1-6所示。

这次对客户做的调查，共有两市三地（加上苏州地区）的110家公司，我们根据客户的公司规模和其对员工培训的成熟度，把它们分为A、B、C、D四类，从各个角度、各个层面听取客户的意见。

问卷的调查题目如下：

1. 户外体验式培训项目的新颖程度对我的决定重要。
2. 在东南西北各区域都有训练基地对我的决定重要。

图1-6　与Linda在太湖明珠基地

3. 训练基地最大可以同时容纳参训的人数对我的决定重要。

4. 训练基地的食宿条件对我的决定重要。

5. 培训指导教师的资历、工作背景及经验对我的决定重要。

6. 培训公司的品牌对我的决定重要。

7. 培训课程的价格对我的决定重要。

8. 培训课程对我公司/工作中存在的问题的针对性对我的决定重要。

9. 在培训前，培训公司能够全面/准确地了解我的培训需求和问题，对我的决定重要。

10. 培训课程执行方案流程的严谨、合理以及清晰程度对我的决定重要。

11. 培训指导教师在课程中的控制能力、引导能力和总结归纳能力对我的决定重要。

12. 培训结束的后期服务（例如，对培训效果的跟踪、对参训学员的评估、对参训小组的分析和建议）对我的决定重要。

13. 培训公司在安全方面积累的经验对我的决定重要。

客户培训需求调查问卷的结果，如表1-1所示。

表1-1 客户培训需求调查问卷的结果

客户类别	样本	问卷调查题目												
		一 新项目	二 多基地	三 容量	四 食宿	五 培训教师资历	六 品牌	七 价格	八 针对性	九 培训需求	十 培训流程	十一 总结归纳能力	十二 追踪	十三 安全
A	49	9	12	13	–	4	10	7	2	3	6	1	8	5
B	38	10	13	12	–	4	9	6	1	3	5	2	8	7
C	15	9	13	12	–	6	10	3	2	4	7	1	8	5
D	9	8	12	13	–	7	10	4	2	3	5	1	8	6

注：此图表显示各类公司在13个问题之中最关注的5个问题。

调查结果显示：

1. A类公司。共49家，其中最看重的3个问题的排序是：

（1）培训师的引导能力、控制能力与总结归纳能力；

（2）针对性；

（3）培训前期调查。

2. B类公司。共17家，其中最看重的3个问题的排序是：

（1）针对性；

（2）培训师的引导能力、控制能力与总结归纳能力；

（3）培训前期调查。

3. C类公司。共15家，其中最看重的3个问题的排序是：

（1）培训师的引导能力、控制能力与总结归纳能力；

（2）针对性；

（3）价格。

4. D类公司。共9家，其中最看重的3个问题的排序是：

（1）培训师的引导能力、控制能力与总结归纳能力；

（2）针对性；

（3）培训前期调查。

这个调查结果出来后，多少让我感到意外，原来客户最关心的根本不是项目的创新，而是培训师的能力和水平，而我们担心的价格和新项目，根本不是客户最关心的事。从调查的结果看，价格在A、B类客户中占第6、第7位，项目新颖度只占第9、第10位。

从这个结果来揣摩客户的心理，大概是这样的一种表达：参加培训是为了让我们的员工学到知识，有所感悟，从而可以改变工作行为，创造更多的价值，这是我们的主要目的。当然也希望有新项目，至于价格，应该不成问题。

因此，既然是客户的要求，培训师就必须要好好地"传道、授业、解惑"。

培训行业销售的是无形产品，这种产品本质上是靠培训师输出的，一个培训师专业培训能力的强弱，决定了这个企业产品品质的优劣，而我看到一些培训师，在自己的桶里还没有多少水的时候就忙着去诲人不倦了。

事实上，一些培训机构培训水平低下的原因主要有两个：一是来自培训公司，二是培训师本身。

拓展训练尽管在中国存在了20多年，但它还是一个新生事物，这个行业是在探索中缓慢发展的，并且还没有人去认真地总结它的规律，研究它的现状和未来。不知是没有时间还是时机未到，但有一点是确定无疑的，就是先驱型的培训机构为了市场和竞争的需要，把积累的经验当作商业秘密，严防死守，绝不外传，甚至在培养自己的培训师的时候也格外小心，唯恐这些新培训师把学到的培训技术带到竞争对手那里去，或者成为自己新的竞争对手。例如，人众人公司，为了控制拓展训练技术的传播，在招聘了新培训师之后，首先要签保密协议，并且向他们收取一笔抵押金，只有在他们按照规定带够一定数量的培训班之后再退还。所以，当年在人众人公司的时候，我们培训师的培训都是口头传授，老资格的培训师给新招聘的培训师讲授，也就是师傅带徒弟的方式。其实，我们当时完全可以做出培训教材，以保证学习和将来培训的质量，但是不敢这样做。

另一个是培训师的原因。一个培训师能不能讲好课有两个必要条件：一个是他所在的培训机构能不能给他很好的培训，另一个是他自己能不能去认真钻研这门技术。这就是所谓师傅领进门，修行在个人。第一个原因是说培训师可以站在什么人的肩膀上的问题。这个问题很关键，因为你投奔了桃花岛，你有可能学成"东邪"精湛的上乘武功，如果你跟了黑李逵，你也只能知道如何去抢三板斧了。这是起点问题，也是培训公司的问题，但即使你很幸运地投入了最好的培训公司，而且他们也真的给你准备了系统的培训大餐，如果你不能在长年的培训实践中把这些知识和技能用心消化，也还是不能成长为称职的拓展培训师。

这是一个态度的问题，也就是说愿不愿意吃点苦，多花点时间，把别人"喝咖啡的时间用来读书"的问题。人人都知道，如果能够给学员一杯水，自己至少要准备一桶水，因此在做一个项目回顾（点评、分享、总结）的时候，你必须要在之前准备好内容充分的教案，而且这些东西都牢记在你的脑子里的，你在回顾的时候也许时间只允许你讲1/10，但剩下的9/10都是你随时可以从记忆库里调出来的。如果每个项目的教案你都能背下来，并且能把这些知识在两三天的课程里的多个项目中融会贯通地讲出来，还真的需要下点功夫。那年我们在冬季培训的时候，有些兼职培训师表示这很难做到，为了激励大家，我和他们分享了自己职业生涯中第一次讲课的情形。为了讲授半天的"隐形团队"课程，我准备了一个详细到每一句话、每一个字、每一个标点符号的教案，差不多用了三天的时间，把这个教案一字不差地背下来，然后在家里面对着镜子，一遍又一遍地演练，为的是能够流畅、一气呵成地讲述出来。当时在场的有一位兼职培训师，是北京师范大学的一个博士，他也表达了一个相同的经历，在他第一次给学生上课之前，他的导师要求他必须把所有要讲述的内容背下来，才能走上讲台。要想讲好课，这是个必要的过程，如果你做不到，你就很难成为一个称职的培训师。

再有一个原因是拓展训练的训练形式造成的。

参加过拓展训练的人都知道，在培训时会把学员分成12~15个人一个队，这十几个人在此次培训的过程中始终在一个培训师的带领下完成各种训练的科目，除非有竞赛的项目，或是室内课的安排。

为什么要这样做？这里有两个原因：一是出于培训效果的考虑。培训师在培训过程中的影响力可以有效地辐射到每一个学员，让每个学员都有参与讨论和发言的机会。另外，在做团队合作项目的时候，如果人员太少了，项目的难度就会降低，因为学员之间容易达成一致意见，冲突和争论会减少，由此给学员思想观念上带来的震撼也随之降低，培训效果也会大打折扣。二是对于时间的控制。一般来说，我们会在半天安排两个培训项目，在做高空项目的时候，如果队员人数过多，用时会相对较长，造成前面的项目没有时间认真回顾，后面的项目也不得不匆匆忙忙地完成，对培训效果会有较大的影响。

拓展训练这种一个培训师带十几个学员的培训形式，事实上它的负面影响也很突出，就是学员对培训师没有比较，他只能听一个培训师的讲授。无论这个培训师是什么样的表现，给学员的感觉——拓展训练就是这个样子了，拓展培训师原来就是这个样子，因为这是拓展训练带给他/她最真实的感觉。前面说过，拓展训练这种形式已经让学员感觉震撼了，因此只要带队的培训师他的表现不是特别地差，学员在评估的时候都会给培训师一个辛苦分，一个礼貌分，有时候甚至这个分值还会很高。于是一些拓展培训师，尤其是一些刚入行的拓展培训师，就自我感觉良好而不思进取了。

还有一个原因，众所周知，在这个行业里，几乎所有的拓展训练公司的培训师队伍都是由专职和兼职两部分组成的，他们的比例大约是1∶5，也就是说，有1个专职的培训师，就有5个兼职的培训师。因为拓展训练这个行业有它的特殊性，有旺季和淡季之分，特别是在早些年，以北京地区为例，从每年的三、四月份到十一月份都是旺季，其余月份属于淡季。如果所有的拓展培训师都是专职员工的话，那么从人力资源配置的角度来说是不合理的，因为在淡季，拓展培训师是没有活儿干的，不能为企业创造价值，而企业还要负担他们的工资和福利，很少有企业的经营者会这样做。因此，从拓展训练在中国发生的第一天起，就是这样一种经营的方式——大量使用兼职培训师。

既然是兼职培训师，那么拓展训练公司对他们的约束和要求就是有限的，但在培训旺季的时候，拓展训练公司对他们却往往是依赖的，特别是在每年8~10月这三个月，培训量非常大。一个原因是很多公司的业绩冲得差不多了，可以喘口气了，做个"团建"，或是培训计划早已制定，如果不实施的话，明年培训的预算就会被削减，于是就集中在这几个月里完成培训。另外一个就是天气的原因，尤其是在北京，正是金秋时节，不冷不热，适合在户外做培训。面对着突然而来的这样多的培训班，寻找培训师成了困难，很多培训机构都是求爷爷、告奶奶地恳求培训师来带班。能找到一个人来带班已实属不易，哪里还能挑剔他的水平高低，结果是造成很多培训师志得意满："我就是这个样子，你还要求着我去带班，我何必还要费力去提高？"

如果仅仅是这样，我们至少还可以说他们还有尊重学员的愿望，但如果你看到学员的确因为身体条件不好，做项目时很吃力，那一截"天梯"真的爬不上去了，而被培训师指着鼻子骂的时候，我们该做何感想。

第六节　推动拓展训练行业健康和规范地发展

担心不是杞人忧天。

拓展训练是一个对国家发展、民族进步有益的行业，在这个行业中的每一个从业人员都应该对它负责，这也是对自己负责。自然，我作为一个经历了"拓展训练"发生和发展20多年的从业者，更是义不容辞。

"位卑未敢忘忧国"，南宋诗人陆游在被贬官之后作《病起书怀》，留下这句千古流传的诗句。这句话鼓舞着我，尽管我现在连"位卑"都不是，是个"无位"的百姓，但我想尽自己最大的能力来推动这个行业的健康发展，用自己的亲身经历讲述一个故事，描述一个事实，把自己这些年在拓展训练中积累的一些经验和体会和盘托出，和大家分享。虽然，不敢说自己做得有多好，因为山外有山，天外有天，在这个行业中有一些非常优秀的培训师，我可能赶不上他们的授课水平，但是我在实践中积累了一些经验，得到了一些感悟，也精心琢磨出了一整套行之有效、培训效果较好的体验式培训的方法和技巧。那么我能做的就是，把它们完完整整地讲给大家听，并且把它们做成类似教材式的书籍，让大家知道拓展训练究竟是什么，体验式培训是怎么回事，了解它的起源和发展，让每一个有志于成为拓展训练培训师的朋友都能够接受一种比较系统的岗前培训，迅速提高朋友们户外体验式培训的能力和水平，并在未来的培训中能够输出高质量的产品，从而获得良好的培训效果。

第二章
初期的拓展训练

2

初 / 期 / 的 / 拓 / 展 / 训 / 练

第二章 初期的拓展训练

第一节 企业管理从制度流程开始

多年以前有个名叫贝克·哈吉斯的美国人写了一本书，书名叫作《管道的故事》（见图2-1）。这是一本以寓言来阐述人生哲理的小书，说它是小书，是因为如果摘除书中的图画，使用正常的小字号，它连100页都不到。在书中，作者通过两个年轻人不同的思维和行为方式导致不同结果的故事，告诉世人"你的管道就是你的生命线"。如果你想成为百万富翁，就必须从现在起修建自己的管道，因为"成为百万富翁不是一种机会，而是一种选择"。

图2-1 《管道的故事》

这本书从励志的角度给读者开出了一剂获取财富和防范风险的药方。虽然道理看上去很简单，可认真想想，却也不一定适用所有的人。如果我们从企业经营和发展的角度来看这本书的话，它就不是一本小书了，而是一本《圣经》一样神圣的书了，因为它告诉了我们一个真理：企业的经营管理者要有长远的眼光，不能只图眼前利益，要花时间和精力投资在基础管理上。如果不把最根本的事情做好，就难以防范风险。对于一个企业来说，如果不把基础管理做好，也就是把各个层级的规章制度、行为准则、做事流程制定出来的话，那么一旦危机来临，企业的生命就会终止。

当种种的管理和安全事故发生后，给了当时人众人的管理者们强烈的震撼，尽管当时他们可能没有机会来读这本小书，但对企业发展的忧患促使他们，特别是促使刘力下决心来规范管理北京拓展训练学校。从那个时候起在公司掀起了一个规范管理的运动，从各个环节来制定制度和流程，特别是安全防范制度。刘力写了一个项目书的范本，从各个角度来规范项目，细致周详，我们来看其中一个——"断桥"的项目书，如图2-2所示。

```
拓展训练项目

断　桥

Broken Bridge
G-008


北京人众人拓展训练有限公司
一九九九年二月
```

1. 项目名称：断桥 BROKEN BRIDGE（G-008）。
2. 项目类别：场地科目/个人项目。
3. 场地器材：
   3.1 场地：综合训练架。
   3.2 器材：
   （1）10.5mm主绳3条（两条用于桥上保护，一条用于攀爬保护）。
   （2）带锁铁锁3枚，无锁铁锁5枚（也可用带锁铁锁替代）。
   （3）上升器2枚。
   （4）安全带4~5条；安全帽2顶。
   （5）40cm绳套1条（应急情况下使用）。
   （6）雨天大毛巾1条。
4. 器械的设置和摘除。
5. 人数要求：不限。
6. 活动时间：小组学员12~15人时，约需80~100分钟。
7. 培训目标：
   7.1 克服心理障碍，增强自信心。
   7.2 学会用平常心对待新的、严峻的挑战。
   7.3 培养学员勇于进取、勇于创新的素质。
   7.4 学习换位思考。
8. 教学组织：
   8.1 教练指导：
   （1）准备并检查训练场地、器材。
   （2）带领学员做好准备活动，指导学员在平地上进行模仿练习，向学员讲解动作要领：起跳腿用力蹬地起跳，与此同时，摆动腿迅速向前上方摆动。
   （3）召集学员至场地并讲解：
   项目名称：断桥。
   活动任务：两次跨越断桥。
   活动规则：必须两次跨越断桥（从一端跨越到另一端，再从另一端跨越返回，教练可以根据情况适当调整断桥距离）。
   评分标准：学员能按要求独立完成者，个人得100分；无特殊理由，未经教练允许，坚持不做者，不得分；小组个人分数相加，除以小组人数，即小组平均得分。
   （4）活动监督：

图2-2　北京人众人公司"断桥"项目书

刘力把这些项目书交给培训部，让大家参考这个格式，把当时所有的项目都按照这样一个方式总结归纳出来。我们培训部组织当时所有的培训师，包括兼职的培训师，把这些我们当时可以操作的所有项目都按照这个格式做了一个文本。尽管这些项目的文本现在从各个角度看来都不够完善，但是，这是一个进步，一个有重大意义的进步，因为它实现了拓展训练这种培训方式在项目指导和操作两方面从口头的传递到文字的传递。有文字的传递意义重大。专家认为，人类在发展中能否成为一种文明，必须具备三个条件：第一，是否有青铜器的冶炼技术；第二，是否有定居点；第三，是否有文字的传承。

公司用了近一年的时间才逐步把这些规章制度和各种流程建立起来，当然，这些规章制度和流程只限于当时大家可以想象得到的，因此它还不是一个完善和完整的制度流程。我在任培训总监的时候，当时在培训部只有《培训流程》《培训师行为规范》《安全制度》《会议制度》《创新制度》《作息制度》等几个制度流程，而今仅是培训部涉及培训全过程的制度流程就多达26个。尽管如此，在当时至少拓展的管理者已经意识到了基础管理的重要性，意识到"铺设管道"的重要性。

第二节 站得高才能看得远

极力主张学习型组织的彼得·圣吉在《第五项修炼》中有过这样一个描述：大企业的寿命很少超过人类寿命的一半。

1983年壳牌石油公司的一项调查发现，1970年名列财富杂志500强企业排行榜的公司，有1/3已经销声匿迹了。

深圳大学冯建民博士经过研究，也有类似的结论：世界500强企业的平均寿命为40岁，跨国公司的平均寿命为12岁，而中国企业的平均寿命为7.5岁，其中民企的平均寿命仅为2.9岁，表现出"高死亡、短寿命"的特征。冯博士称，死亡更容易发生在创业成功进入成长阶段的企业。

到目前为止，人众人公司携手拓展训练已经成功地走过了十多个寒暑，按照冯博士的研究，它已经活了我国民企平均寿命的很多倍了，应当说已经成功地渡过了最容易死亡的阶段。那么,在这个阶段,它是怎么活下来的?又是怎样避开陷阱、抵抗侵袭的呢?

我觉得,人众人公司能够走过这一段艰难的路,关键在于刘总经理(刘力)是一个"成就需要"很强的人。

什么叫"成就需要"? 心理学家这样解释:有的人特别喜欢挑战自我,并能不断地在职场上取得成就,而有的人则对成功持无所谓的态度,无法从职业成就中取得快乐,人与人的这种差别就是由"成就需要"决定的。所谓成就需要就是"完成艰巨任务,通过控制、掌握和组织,克服困难,取得更高成绩、扩展自我的愿望"。

与一般人不同,高成就需要者其实并不是那些喜欢冒险和出奇制胜的人,而是一些有节制的冒险家,他们想要获得成功,但更想避免失败。

成就需要较低的人,对一些内在的标准更加关心,比如情感、婚姻,他们很难从职业中获得成就感和幸福感,所以他们很少去确立自己的职业榜样。

因此,作为高成就需要者,刘总经理最初的想法就与众不同。

1998年,也就是北京拓展训练学校成立不到三年的时候,人众人公司做了一个重大的决定,刘总经理不再担任北京拓展训练学校校长的职务,改由第二个加入人众人公司的王途担任校长。刘总经理对我说,这是因为他需要集中精神考虑公司未来如何发展的问题,并要求我们多多支持王途的工作。

听了他的话,我有点儿张口结舌,一脑袋的问号,坦率地说,我当时一点儿都不理解,想不明白他为什么不做培训工作,而专门集中精力考虑公司未来如何发展。那时候,拓展训练开始不到三年,很多事情都没有理出头绪,应该说有太多的事情要做,而且业务量日见扩大,这个时候去想什么未来的发展,不是早了点吗?何况,也完全用不着辞去校长职务啊?这些就是当时我真实的想法,可望着他那凝神远望的神情,我什么也没有说出来,因为我实在不知道他这个奇怪的想法会有什么结果。

但是几年之后,我深深地信服了刘总经理,如果没有他的远见,人众人公司不可能成为当时世界"第一大"的户外体验式培训机构。

人们常讲一句话,"站得高,才能看得远"。是说你只有付出辛苦登临绝顶才有可能欣赏到"无限风光",但在人的职业生涯里,这句话应该反过来说,就是"看得远,才能站得高"。刘总经理之所以取得今天的成就,就是因为他站到了当时我们都无法企及的高度,因为他看得远,才站到了大老板的位置上。

古人讲:良将无赫赫之功。

企业的经营发展不是一件容易的事,只有眼光长远又脚踏实地的人才可能创造百年老店。也许,这就是成功的企业家与一般企业的经营者之间的差别吧。所以我想,正在创业的人和已经创业但还没有成功的人,如果你想通过不懈的努力成为响当当的大企业,就应该以刘总经理为榜样,当企业在规模很小的时候,千万不要一头扎进繁忙的事务堆里感觉充实,而应把这些你可能要花很长时间才能做好,或是你能做得很好同时别人也能做得很好的事,或是有挑战、有诱惑的事留给其他人去做,你自己超脱一些,离开你每天环顾左右的井底,然后向上攀登。等你站到云端上再往下看,这时候你看到的就不是你这一个小企业了,你看到了很多的企业,你看到了一个社会,甚至会看到一个世界。当你看到这个世界并惊叹它的辽阔与浩瀚的时候,你闭目感知时间和空间的无限,从而顿悟,就会有更清晰的思路,就会知道自己最该做什么了。

不要小看这个举动,因为这是一个企业家放大心胸和格局的必由之路,这是上升到哲学意义的思考。还记得这句话吗?"人不能两次踏入同一条河流"。这句话是2000多年前创造了神秘主义流派的希腊哲学家赫拉克利特所说。这个喜欢"痛哭的哲学家"最著名的哲学思想之一就是"拔高了看"。他认为人虽然是在地球上,但眼光一定要上升到宇宙中,在那样一个高度上,你看到了更多的事物,而地球则是万千小星球之一,小得就是一个小黑点,因此,你对事物的看法就会改变,你的决定就会不一样。他的这个思想后来真的被宇航员验证了(而不是企业家),很多宇航员在回到地球之后去做了政治家或是社会活动家,原因就在于他们的眼光开阔了,格局放大了,责任感和使命感随之而来。有一名宇航员说:"如果把各国元首放到月球去开联合国会议的话,世界就一定和平了。"

这是上升到哲学层面的思考,这是事物发展的必然,也是创业者们在企业经营的过程中必须要修炼的"心法",因为"如果没有哲学,你将撑不过那些艰难的岁月"。

第三节 团队的管理

那么,刘总经理都想了些什么事呢?他没有说,但是从后来一个个发生的事情来看,他想的最多的应该是用人成事,用好别人,也用好自己。

用好自己,意味着必须改变自己。苏格拉底说:"让那些想要改变世界的人首先改变自己。"

改变自己是最难的事。"江山易改,本性难移",这句话伴随着祖祖辈辈的中国人在历史的长河之中流淌了上千年,是真理,也是智慧。因此,一个下决心改变自己的人,可想而知他的渴望有多么强烈。当时对刘总经理来说,这是背水一战,如果企业做不起来,难道还要回部机关吗?

"一个好汉三个帮"。刘总经理在开创拓展训练的时候,特别需要有人来帮助他,因为他知道,如果没有能干的人,根本不可能把企业做大、做长久。最初加入北京拓展训练学校的人都是熟人和朋友的介绍,并先后加入到这个创业的行列。三年之后,组成了拓展训练最初的七个人的专职员工团队,这七个人各负其责,支撑起一个企业。如果从下面这张组织机构图来看,恰恰是最合理的分布,如图2-3所示。

北京拓展训练学校发展到2011年的时候,已经走过了十多年的道路,除了龚正离开了人众人公司之外,其他的人都还紧密地团结在刘总经理的周围,这个骨干团队基本上没有变化,尽管伴随着组织规模的膨胀,大家的职

第二章 初期的拓展训练

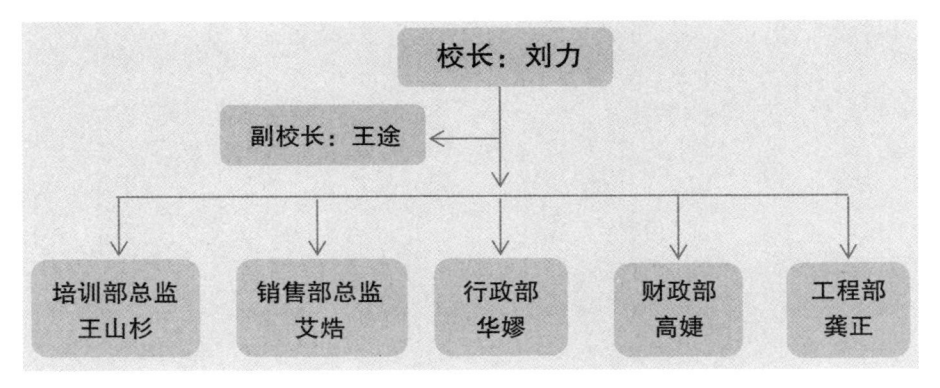

```
                校长：刘力
                   ↓
              副校长：王途
      ┌────────┬────────┼────────┬────────┐
   培训部总监  销售部总监  行政部   财政部   工程部
    王山杉      艾焙      华嫽     高婕     龚正
```

图2-3　北京拓展训练学校组织结构图（1995年3月）

称晋升了，可各自主管的业务功能基本上没有变化。刘总经理依然呼风唤雨，舵手的位置毋庸置疑；王途还是开疆辟土的急先锋，哪里有难事儿，哪里就有王途的身影；王山杉一直执掌人众人公司的安全帅印，同时兼任龚正的职能；艾焙那时就负责销售，后来曾任人众人北京学校校长，事实上依然是对销售额负责，因为北京拓展训练学校是公司在全国最大现金流的来源，每年的销售额几乎都占到公司全部销售额的50%，甚至更多；华嫽在几经辗转之后，领衔"品牌"和"创新"两大部门，事实上还是辅助主营业务。

自从这个团队建立之后，人众人公司就不断地招兵买马，扩充队伍。1999年之前，招聘人基本上都是熟人介绍，从这一年开始第一次向社会公开招聘。第一批共招到4个人，一个事业发展经理，一个培训师，一个销售员，一个出纳，都是专职员工。然后，每年都有大批新员工进入人众人公司，有专职，也有兼职，但是当我后来再去人众人公司的时候，我发现，1999—2005年这几年绝大部分的专、兼职员工都已经离开了人众人公司。坐落在北京CBD区域内的现代城大厦中偌大一个办公室里充斥着一张张陌生、稚嫩的脸，而熟悉的面孔很难看到。

离开的这些人有各种各样的原因和理由，不可否认的是他们都是在拓展训练发展过程中做出过贡献的人，也是见证了拓展训练行业那一段高速发展的人，同时也是积累了拓展训练丰富经验的人，但是我们发现，这些员工的

拓 / 展 / 训 / 练 / 简 / 史

离开并没有给人众人公司留下太多的伤痕，也没有迟滞人众人公司发展的脚步，更没有让人众人公司伤筋动骨，原因在哪里？

一个重要的、令人信服的理由是，这个企业的骨架没有松动，所有那些涉及关键业务的"山头"依然是这些大将分兵把守，因此，尽管中层管理者和大批的员工走马灯似的你来我往，但是并没有影响到人众人公司的业务和发展。因为尽管他们为企业的快速发展做出了贡献，然而，毕竟像培训师、销售经理这些岗位的技术水平要求不是很高，用不了多久，新员工就会成长起来，所以，人众人公司的大厦依然牢固，战舰仍在乘风破浪，大旗还是高高飘扬。这都是因为有这些大将，这些铁了心的人。

如果说在企业经营管理上有什么可以借鉴的经验，这可能就是一个——发现和培养一批志同道合的人。

一个经营企业的人，要想成功地把企业做长久，一个重要的经验是把人用好，尤其是在创业时期就要认真选择好合作伙伴。如果你的合作伙伴没有选好，一旦发生了矛盾和冲突，你的事业就损失了。因此，千万不要凭一时的冲动。在开始的阶段，当大家感觉可以在一起干一番事业的时候，一个个热血沸腾、信誓旦旦，可企业经营哪里会是一帆风顺的，多数情况下就像股市一样，总会有起起伏伏、跌跌涨涨。碰到困难和问题的时候，人往往会更多地去想个人的利益，我为什么要这样做，这样做对我有什么好处，等等，当他找不到答案，或得不到一个满意的答复的时候，也就是大家分道扬镳的时候了。

这些年，在拓展训练领域里，见了很多这样的公司，很多这样的情况，合伙人从相见恨晚、信誓旦旦到反目成仇、分家散伙，少则几个月，多则一两年就出现了，比冯博士研究的结论还要短命得多。

有个很典型的案例：

2004年6月，有一家雄心勃勃的拓展训练公司横空出世，跳空高开，在熙熙攘攘的拓展训练江湖中又竖起了一杆大旗，让很多人心头一震，它就是"衡远拓展"公司。如图2-4所示。

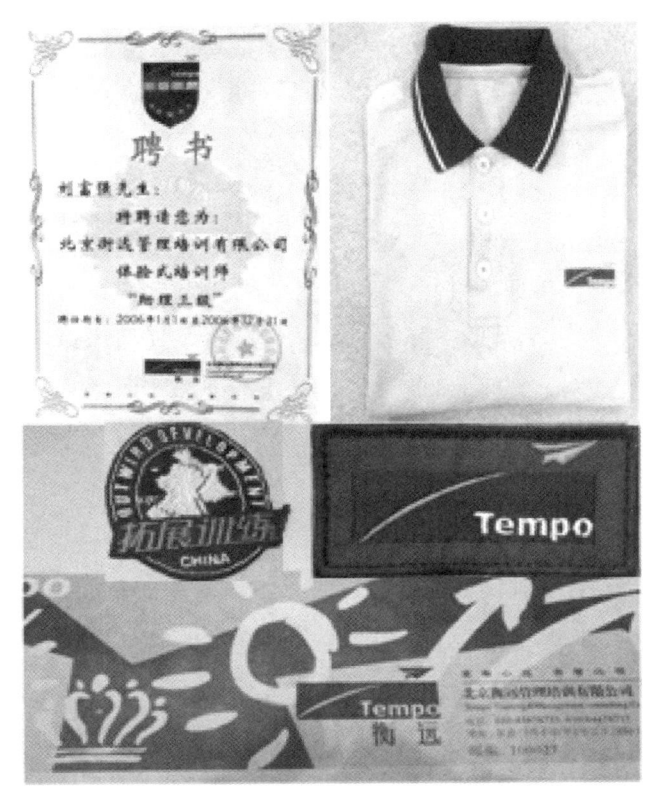

图2-4 衡远公司当时的用品

这家公司是由几个聪明睿智、刚刚"三十而立"的年轻人组成，还有一些大企业的高级管理人员做股东，实力雄厚。他们给自己的公司起了一个文化气息很浓的名字，叫"衡远"，是从"意衡心远，启智达明"中择取的两个字。在LOGO的设计中用了一个法文的词，叫tempo，也是"高远"之意，这是因为孕育"衡远"的那些人，有同样"衡远"的抱负，他们追赶的目标直指拓展训练的首创、老大哥——人众人公司。当我问及衡远打算用多长时间超越人众人公司时，衡远的总经理——一位干练的职业女性对我说："十七加十八。"坦率地说，至今我都不知道她表达的这个数字是什么意思，但我从她的坚定的口吻和目光中感受到了她的决心。为了这个目标，衡远进行了大手笔的资金投入，一次性投入240万元人民币，在怀柔美丽的山水间同时建造了两个拓展训练场所，所有的培训器械、办公设施都是一次性采购完成。员工招聘到位后，培训迅速展开，并立刻冲向市场，全线出击，且捷报频传。

2005年秋天，有一次碰上衡远的副总，他是我在人众人公司时的同事，也是很好的朋友，有过一起"出生入死"的经历，当年在人众人公司给北大EMBA的企业家们做培训的时候，被学员相中并挖走，共同开办了衡远拓展公司。同时，他也是一名优秀的拓展训练培训师，衡远的培训业务主要由他负责，他对我说："把今年所做的户外体验式培训和内训业务加起来，销售额差不多可以做到500万。"这个数字在这个行业里，对于一个创业仅一年的服务型企业来说，称得上是奇迹。

为什么可以做到这个结果？其实回答这个问题很简单，就是产品过硬。

有一个外企的HR对我说，她这一次到怀柔来参加衡远的免费公开课，是因为她的老板参加过人众人公司和衡远公司两家的培训，感觉衡远公司比人众人公司"做得细"，因此让她也来感受一下，以便最后决定选择哪一个供应商做培训。

我们都知道销售产品的人说的话不能完全相信，但买过这个产品的人对这个产品的判断通常不会错的。

事实上，在这个时候衡远公司的企业管理和运营模式与人众人公司已经没有太大的区别了，可这是人众人公司摸索和积累了九年的经验才收获的，而衡远公司只用了一年多的时间就和人众人公司站在了同一条起跑线上。

"衡远"知道，如果要完成预期的目标，或缩短完成目标的时间，人才是关键，因此极力想要把在这个行业里5%最优秀的培训师招至麾下，荣幸的是我也被锁定在这5%的目标中，但我并没有离开。

与"衡远"接触了一段时间，发现这家公司善于运用文化的力量凝聚人心，甚至不计成本专人创办公司刊物。公司还经常组织各种类型的员工内部的团建活动，用以创造归属感，家的感觉。走进"衡远"的办公室，各式培训的照片，满墙的图表和宣传口号，忙碌的身影，嘈杂的电话声，真是一派欣欣向荣的景象。

就是这样一家公司，让我感觉在众多拓展训练公司里最有希望做大做长久的公司，2007年年初，在春寒料峭的北京悄无声息地逝去了。原因很是简单，"衡远"的总经理说："他（副总经理）不适合做管理。"副总经理说："她（总经理）不懂培训，更不懂经营。"于是副总经理领着一些崇拜他的员工愤而离去，再竖新帜，张灯结彩地开了一家新的拓展训练公司。总经理带着另外一些坚守阵地的员工改换门庭，投靠了一家更有实力的大企业，成了大公司属下的一个小公司。自然，临别的时候他们也没有忘记在对方的心灵里留下几道滴血的伤痕（见图2-5）。股东直接弹劾总经理，让总经理下课；总经理带着公章、法人章等离开公司。股东代表遂封了财务帐本和保险柜。三个股东（包括总经理）共投入的240万元颗粒无收。"衡远"这家公司仅仅三年，就永远地消失在历史的长河之中了。

图2-5 公司员工冲突的宣传图片

这个故事是不是有些悲哀？不过，当风干了忧伤的时候，留给我们更多的是思考，合伙人太重要了。

想起了一句广告词：钻石恒久远，一颗永留传。

物质的一切外在表现都是由其内在因素决定的，物质的结构决定性质，性质又决定表现，因此，同样是炭，正八面体晶状结构是世界上最硬的物质——金钢石，平面层状结构就是世界上最软的物质——石墨。一种物质能否永久留传，关键在于它的内部结构。

看到这里，大家可能会想，刘总经理难道是神仙吗？他怎么可能在刚刚创业的时候就会知道选择好合作伙伴呢？即使一开始经过了考察，但在漫长的、纷繁复杂的职场环境里难道他们这些合作伙伴就不会改变吗？

首先刘总经理不是神仙，和我们一样是一个普通得不能再普通的人，但他是一个聪明、果断、意志坚强的人，同时他也是一个好人，一个重感情的人。

人众人公司能有一个坚强的高层管理者的组织结构——正八面体的晶状结构，不是巧合，不是上天的赐予，而是千锤百炼的结果。

正像金刚石一样，它为什么会有这样的结构，因为它是在1800度的高温和10万个大气压那样的环境里被熔炼成的。

从经济学的角度讲，人都是"经济人"，"经济人"最大的特征是自利，也就是要全力争取自身获得最大的利益。

人众人公司的这些人没有超然世外，自然也会是这样。因此当碰到一些涉及个人利益的问题时，难免也会去争。

华嫪是一位性格外向、以"爱聊"著称的中年女性，和谁都有说不完的话。有人这样形容她："宁愿花钱都要和别人说一会儿话。"所以就有了"聊五块钱儿的"这个说法儿，意思就是求着你听我说会儿话，如果你不愿意，我就给你五块钱，买你听我说话总行了吧。为什么呢？这是天性，还记得老辈儿人常说的一句话吗？"京油子，卫嘴子，保定府的狗腿子"，她就是天津人。当时我们大家都有这样的感觉，就是当你不幸被她"缠"上谈工作的时候，最难办的就是如何才能脱身，但是缺点和优点是相对的，如果这样一种性格在胡同儿里谋生，也许就有了"八婆"的味道，可是如果用在了工作上，反而就是"推进者"的积极特性。

第二章 初期的拓展训练

什么是"推进者"？这是英国著名管理学家贝尔宾博士（Merydis Belbin）在分析一个组织的管理团队成员构成时用过的某一个"团队角色"的称谓。那么什么又是"团队角色"呢？1980年，贝尔宾博士出版了一本著名的管理学著作，书名为《管理团队——他们为什么成功和失败》。在这本书里，他详述了其研究成果。他认为有些企业的管理团队成员能够和谐相处，配合默契，不断走向成功，而另外一些企业的管理团队成员却不能做到这一点，是因为每个成员的脾气秉性各不相同，能否相容决定了他们相处的和谐与否。因此他说，一个管理团队要想取得成功，一定要具备九种团队角色。这九种团队角色各具鲜明的性格特征，行为方式大相径庭，有显著的积极特性，又不可避免地具有缺陷，但九种角色集合在一起恰恰形成了互补的关系，因而可以保证一个管理团队的和谐顺畅和决策的质量。"推进者"是这九种团队角色之一，英文叫shaper，意思是把某种物体或是某件事情做出某种形状来，这个团队角色的最大的积极特性是推动事物的发生和发展。

这个中文名字是我在中组部的一位姓查的同事翻译的。这个帅小伙儿从北京第二外国语学院英文专业毕业后，没有回江苏老家，去了北京某企业家协会，后来因为他的专业能力非常强被挖到我们培训中心，在后来培训中心的对外合作中做出了非凡的贡献。有一件事让我印象深刻，培训中心在和瑞士政府合作现代体验培训的TOT项目中，瑞士政府授权了一个专业培训机构负责这个合作项目，这个机构的负责人之一是个来自台湾地区的女博士，汉语很好，丈夫是瑞士人，在西方生活多年。一次会谈后，培训中心的领导请几位瑞士专家一起吃晚饭，大家边吃边聊，帅小伙儿和博士就成了双方的翻译，当说到一件事情的时候，查兄弟向对方翻译后，博士立刻就指出："你翻译的不对啊！"她的话一出口，整个饭桌上立时沉寂，所有人都为小查担心，生怕他失误，因为这是我们的兄弟啊，可让大家吃惊的是，他没有丝毫的慌乱，而是心平气和地解释说："我用这个（英文）词表达这个意思不行吗？"只见博士仰头思考了几分钟，随后脸上露出尴尬的苦笑，说："对，你说的对，我道歉，我道歉！"在场的人都为小查高兴和自豪，因为他的睿智和专业，让我们在场的中国人扬眉吐气。

华嫪恰恰就是这样典型的"推进者"，她的思维敏捷，一旦有了一个好的想法，无论是不是她分内的事，都会立刻以极大的热情去推动。如果不在她的管辖范围，她就会追在这个部门经理的身后，苦口婆心地给你讲做这件事的好处，直到你同意去做她才会停止。现在回想起来，当时有很多属于"重要不紧急的事情"，或是"不太重要也不太紧急的事情"都是在她的积极推动下做成的，虽然当时她缠住你"聊五块钱儿"的时候，让你感觉有点儿烦，但终究你会发现，这件事情给团队带来莫大的好处。不由地心里生出对她的敬仰和钦佩，她就是这样的人。

当然，优点和缺点永远相生相伴，这种性格的人在推动事情发生和发展的时候，一般不太考虑别人情绪情感的变化，只要他/她认为是对的就要说出来、做出来，因此当华嫪碰上什么不开心的事时，她也不会藏着掖着。

1998年的一天下午，我从房山训练场地回到办公室，看到她怒气冲冲地坐在刘总经理的办公桌前，圆圆的脸涨得通红，眼里满是泪水，向刘总经理大声地说着什么。刘总经理则铁青着脸一句话不说，看到我进到办公室，华嫪不说话了，一脸委屈地坐在那儿。我在办公室工作了两个多小时，处理完事情的时候，我悄悄地问刘总经理："华嫪怎么了？"刘总经理说："只是为了个笔记本电脑，看见别人有，她也要。"

我离开办公室的时候，已是夕阳西下了，员工们都已经回家了，只有华嫪死守在刘总经理的办公桌前不肯离去，看来她要和刘总经理战斗到底了。

第二天一早进到办公室，刘总经理早在那里了，他让我出来一下，我们就一起走到楼道里。刘总经理递给我一个存折，对我说："这里面是8000元，既然大家都需要笔记本，那就都有，这笔钱你拿去买笔记本吧。"说完，把存折递给我就走了。我拿着存折，心里暗想，华嫪昨天晚上至少和刘总经理"聊了五百多块钱的"，否则不可能会有这样的事情发生。

负责工程建设的龚正也是最早加入人众人公司的员工之一，个子不高，有点谢顶，看上去是个很精明的人，外表虽和善，但是一旦有了自己的想法，改变起来也难。

人众人公司在创业的时候只有一辆212吉普车，这辆车在寻找训练场所（拓展训练基地）的过程中立下了汗马功劳，后来就放在房山的训练场，用来接送培训师。管理训练场地的第一任主任姓纪，由他负责接送培训师，他的驾驶技术过硬，虽然是一辆破吉普，乘车的人感觉如同乘坐奔驰一样，因此当时培训师们就戏称这辆车是"纪奔"。后来这辆车手续发生了问题，无法年检，以2万元卖到外地去了。学校买的第二辆车是一辆天蓝色的桑塔纳（见图2-6），这辆车是刘总经理当时特别喜欢的一款车。在20世纪90年代，小轿车的品种很少，因此这一款车跑在大街上时就特别地抢眼。记得我们还在培训中心时，有时在大街上偶遇这款车时，他能流着口水，扭着脖子，眼都不眨地盯着这车看，直到它消失在车流里。所以当有了这个机会的时候，他立刻就买了这款车。尽管他特别喜欢这辆车，但是当有业务需要的时候，他也只能让给其他人，于是这辆车就成了一部公车，谁用谁开，也没有人专门负责保养，车损毁得很快。到了1998年，业务迅猛发展，公司就又一下买了两部桑塔纳旅行轿车。车多了以后也是麻烦，谁来管理？谁来保养？总不能再成立一个车队吧？于是，刘总经理就决定把这些车都过户给个人，那辆美丽的天蓝色的桑塔纳就进了龚正的家门儿。1999年年初的时候，我已经担任北京拓展训练学校的培训总监多日了，可我毕竟做专职的时间比他们晚，

图2-6 人众人公司的桑塔纳轿车

没有赶上这一拨的"分田分地",因此培训部没有一辆车。可免不了要到外地或山里去做培训,尤其是北戴河,那里有我们与团中央青少年培训中心的一个合作训练场,没有车挺困难。

出于工作的需要,公司讨论决定把王途开的一辆朱红色的桑塔纳旅行轿车过户给我,因为它的后备箱的空间很大,在外面做培训的时候可以装很多器械。龚正听说了这个消息,立刻去找王途要这辆车,因为这是一辆新车,才跑了一万多公里,然后把他那辆车况较差的车给我。王途征求我的意见,说老龚为了得到这辆车,找了刘总经理,刘总经理说这辆车属于北京学校,让他找王途校长商量。我表示服从分配,给我哪一辆都行,但我向他表达了一辆车况好的车对培训部的重要性,因为培训部几乎每天往返于办公室和房山的训练场之间,每个往返都差不多要200公里,还经常要去山里和外地,车况差了还真不成。尽管龚正三番五次地找王途争取,但王途最终没有同意他的请求,这件事让龚正郁闷了很久。

最终龚正还是离开了人众人公司,那是在2002年的秋天。刘总经理说:"龚正跟我干了这么久,我一定会对他的前途负责,可他现在有一个难得的出国工作的机会,那就只好让他去吧。"

龚正自己说:"简直没法儿干了,新来的总裁整个儿一个瞎指挥,他下令让我在20天内把上海的基地完工,可是浇铸训练架地基的水泥完全干透也要十几天啊?"

有人告诉我,为了这个事龚正在办公室里与新来的总裁很是凶猛地吵了一架。

学校刚成立时的财务是高婕,因为在这个团队里她的年纪最大,1953年生人,比刘总经理还大一岁,菩萨心肠,因此当时大家都亲切地尊称她"高姐"。她是刘总经理当年在首钢工作时一个哥们儿的夫人,刘总经理创办这个企业时就把她请过来做会计。高姐进北京拓展训练学校的时候已经年近五十,但身材保持得极好,华嫪说:"高姐年轻的时候可靓丽了,是她们原单位有名的'高美人儿'。"每当她听到这话的时候,嘴里一边娇嗔地说着

第二章 初期的拓展训练

"别瞎说了",一边开心地像小女孩儿一样绽放出像五线谱似的羞赧的笑脸儿。高姐是个心直口快的人,有的时候真的会发些小姐脾气。1998年的年会上,大家坐在一起总结自己这一年的得与失,轮到高姐时,说了没有两句就开哭了,边哭边说:"有些话本来我不该说,可我实在憋不住了……"话一出口,一些人开始紧张。王山彬说:"高姐有些激动,要不以后再说?"当时在场的也有一些兼职培训师,其中一个不知深浅地说:"让她说。"这时整个会场鸦雀无声,只有高姐的细细抽泣声。她稳定了一下情绪接着发泄,大意是自己来到公司以后,失去的很多,得到的很少,经常加班加点,也没有报酬,其实也有其他的公司重金聘她,但为了人众人公司她没有答应,可没有想到会是这样的情况……。这话是真的,因为有经验的会计在当时的确是稀缺资源,很多中、小公司都瞪着眼睛寻找这种会计。她越说越委屈,其实中心意思只有一个,就是干活多了,挣钱少了,你刘总经理怎么能这样对待我呢?

这是我亲身经历过的几件小事,而且我确信诸如此类的事情我不知道的还有很多。

人和人在一起怎么可能没有摩擦,没有矛盾,没有利益诉求呢?既然有这么多的麻烦,可是人怎么还会一如既往地往一起凑?在这里我们要探讨一个哲学的话题了:人为什么会聚在一起?人靠什么聚在一起?

英国哲学家休谟在他著名的《人性论》里回答了这两个问题。针对第一个问题他解释说:"这是因为人类存在着先天的不足。狮子、老虎这类猛兽凶狠强悍,有尖牙利爪,牛羊这一类的动物需求不高,草根树叶足以果腹,而人类身体软弱但需求量很大,为了弥补这个先天的不足只有依赖群体、依赖社会,在社会群体中,人类才有了力量和安全。因此,人类能够聚在一起生活是人类在漫长的进化过程中为了生存的结果。"

但人与人如何才能和睦相处呢?他认为首先是两性的吸引,然后是亲情关系,再后是道德的产生,就是这样一个发展和变化的历程。

在网上看到过这样一个小故事,叙述了道德的产生,形象有趣:

拓/展/训/练/简/史

有一群猴子被关在一个笼子里，在笼子的上方有一条绳子，绳子的一端拴着一根香蕉，另一端连着一个洒水的机关。饥肠辘辘的猴子们发现了甜美的香蕉，都想去吃。其中一只行动最敏捷的猴子跳上去够这个香蕉，当它摘到香蕉时，与香蕉相连的绳子牵动了洒水的机关，于是一大盆水从天而降，所有的猴子都被浇湿了。天很冷，猴子们冻得瑟瑟发抖，痛苦不堪，可只有一只猴子吃到了香蕉。几次之后，有一伙猴子自觉地行动起来，它们发现有猴子去抓香蕉，就上去撕咬那只猴子。以后只要有猴子去抓取香蕉，他们就一起去痛扁这只猴子。久而久之，猴子们形成默契，再也没有哪只猴子敢去碰那个香蕉了。

如果这群猴子构成一个社会，它们不断地繁衍，并且会将自己的经历告诉下一代，小猴子们传承着"去拿香蕉吃是不道德的"观念，它们也会自动地惩罚"不道德"的猴子。

这就是道德，是人类在进化过程中为了生存而产生出来的。那么，它是怎样起作用的呢？

从上面那个实验我们看到，道德就是群体对不道德或非正义的行为进行"谴责"，或者对不道德的人采取不合作甚至孤立他的策略，从而使不道德的人遭受损失。

但是，当人类进化到无比强大，生存的威胁不再是其他动物，而是人类自己的时候，越来越多的事实告诉我们，仅靠道德根本无法约束人们对利益的追求，正如马克思所说："当利润达到了300%的时候，人会铤而走险的。"

这是因为，说到底道德只是一种社会调节机制，它的作用更多地是调节，而不是强制。因此它有着很大的局限性。它对不道德行为的约束和抑制是有限度的，当不道德的行为带来的利益高于道德的满足时，道德的作用便失效了。

例如，你在回家的路上捡到了一个钱包，当时四周没有一个人。你拿回家，打开一看，里面有一个身份证（恰巧这个人你认识），还有几十元的人民币、医疗保险卡、一些报销的单据，这时候你怎么办？还给他吗？相信大多数人在这种情况下会选择还回钱包的。因为几十元的人民币，对你来说只是顿便餐，但对丢失钱包的人来说是重大的损失。还给他，你会获得这个人的感激甚至是日后对你的回报，在你生活的圈子里大家对你另眼相看，从而获得一个"诚实，正直、拾金不昧"好声誉。

但假设你一打开钱包，哇！发现里面有2万多美元的现金，还是旧钞，怎么办？你还能还给他吗？你扪心自问，就不一定了吧？

人如果不顾其他人的利益而追求自己的利益最大化时，他会发现，这会招致其他人的不满，而这一点恰恰是毁灭自己无法阻挡的利剑。那么，怎样才可以避开这一剑封喉？那你必须考虑多数人的共识——一种约定俗成的社会公约。因为资源有限，所以每个人的存在，事实上就是对他人利益的一种侵犯。他们没有道理对你采取行动，但如果你没有遵守这个社会公约，比如，你不孝敬父母，你欺凌弱小，你独吞朋友们一起劳动的果实，你做了"陈世美"，等等，这些人就师出有名，会树起讨伐的大旗，对你采取行动，让你的利益受损，因此你在行事的时候不得不顾虑和忌惮这一点，这就是道德的作用。可是当巨大利益的诱惑来临时，有些人就敢飞身跨过道德的边界，这时作为心理防线的道德，不堪一击，瞬间就被洞穿，不再起任何作用。这个时候仅靠道德是无法约束行为的，就需要有一个让人心惊胆战的约束了，于是，新的社会公约出现了。它更严厉、更无情，不仅会剥夺你的自由，还会剥夺你的生命，这就是——法律。

当然，尽管有了法律，有些人在巨大的利益面前还会选择冒险，但如果他是理性的人，他首先要想好怎样才能逃避法律的制裁，要知道他是把自由和生命作为赌注的。

同样，维系一个组织、一个团队也不能仅靠道德，也需要建立规则，既然大家聚合在一起不可避免地会产生利益关系，那么就要有合理的利益分配规则。

在人众人公司创立的初期刘总经理使用的就是股份制的利益分配原则。

应当说在1998年前加入人众人公司的人都是公司的股东，其中还有一部分是在拓展创立时期出过力、流过汗的外部人士。刘总经理的股份最多，但也没有超过20%，其次是王途和王山杉，他们三个加起来刚好超过50%。这一点意义重大，今后无论发生什么变化，但只要他们三个意见一致，公司就是稳定的。其余的人股份有大有小，但都没有超过10%。

这个利益分配的机制应当说是科学的、先进的，它把公司变成了所有这些人的公司，他们不再是为了别人而打工，而是为了自己在奋斗。

我想这对于很多企业经营者来说也是一个宝贵的经验。要发展成一个卓越的企业，没有一大批人是不行的，你个人本事再大、能力再强，也不可能做所有的事。那么这一大批人凭什么会帮你做这个事？这就看你能不能把利益分给别人，让人感觉跟你做事比跟其他人做事收益要好得多，如此他们才会有干劲，才会积极主动地做事，因为他们觉得不是在为你，而是在给自己做事。

我经历过一些小公司，它们的经营者都是些眼前利益的追求者，先把所有能捞到的好处都放到自己的兜里，对员工能抠就抠、能省就省，今天忽悠员工涨工资，明天糊弄员工发奖金，再不就许诺将来会稀释自己的股份分给员工，但他们从来没有行动。每个人都希望争取自己的最大利益，但是他们的做法是不明智的，因为他们没有把自己的眼前利益与长远利益的关系想清楚。你要知道雇佣关系是双向选择的，员工不是机器，得不到自己应得的利益，他们就一定会弃"你"投明。

多年前听过一次培训课，老师讲了这样一句至今让我都痛定思痛的话："看长远的人不会失去眼前，只看眼前的人必定失去长远。"这一句话极具哲理。

解决了利益分配机制这一根本问题，不等于说解决了所有的问题，因此我们看到前面讲的一些争"本"夺"车"的事情，这些问题不解决，同样会导致企业的损失。

刘总经理面对这些问题的态度是，不回避矛盾，不惧怕冲突，以积极的态度去解决问题。"德不孤，必有邻"，当然，刘总经理有能力"熔炼"这些人，他的人格魅力和严于律己的工作作风对归拢人心起了至关重要的作用。

王山杉对我说，他当年追随刘总经理做拓展训练的时候，大家的工资都是1000元，而刘总经理给自己定的工资是800元。王山杉说："待我不薄。"

王途有一次语重心长地对我说："我们都要向刘总学习，那么大岁数了，思维还是那么敏捷、清楚。"我想，他大概想表达的意思是，刘力总经理总是那么思维清晰、判断准确，让他由衷地钦佩。

艾焙说："我来人众人公司完全是因为刘总经理，特别有个人魅力，特别智慧……"

华嫽说："刘总经理对我说，如果拓展训练的业务没干成，回到天元宫（人众人公司曾经在南二环的办公场所）从头开始，你会和我回去吗？我对他说，别人不敢说，我是一定会回去的。"

"君使臣以礼，臣事君以忠"。实际上，人众人公司的核心团队就是这样熔炼成的；而这样一个团队也没有让刘总经理失望。

那时候，房山新华社训练场地建成之后，账上只剩下2000元了，刘总经理对大家说："所有的钱都投入在学校的筹建上了，下个月已经不能发工资了，咱们只有咬牙挺过去。"听到这个，没有人抱怨，没有哪个人因为公司发不出工资而信心动摇。

两年后，境况大大好转，从创业时的负债经营，摇身一变，成了有200多万元现金的"大款"。这个时候，是分钱改善大家的生活，还是再投入促进公司的快速发展，就成了刘总经理当时的一块心病，因为他非常担心大家会要求分掉这些钱。在和大家探讨公司发展的时候，他提出了人众人公司在未来可能会有的两个发展方向：第一是做一个精品店。这个方向比较容易，只须提高品位、提高档次、提高知名度就可以做到，而且这种做法也能有很好的收益。第二是做事业。让拓展训练这个培训方式、这个品牌走出房山，走出北京，进而走向全国。刘总经理更希望的是第二个，令他感动的是，所有人都坚定地、没有任何异议地簇拥着他踏上了这条崎岖坎坷，但却充满光明希望的事业大路。

生物学上讲，类人猿变成人类的紧要处只有那么几步，一旦走偏了，变成黑猩猩，就永无变成人类的可能性了。一个企业的发展也是这样，往往在关键时刻的抉择关系到你将成为什么。

因此，只要有机会，刘总经理就会由衷地表达这样一种感慨："人众人很庆幸地遇到了一批优秀的同事、伙伴和客户，在公司的成长历程中，形成了一支优秀的管理团队，培养了一批批优秀的拓展人！"

第四节 思想建设

1997年年底，人众人公司发生了一件让当时所有拓展人痛彻肺腑，难以忘怀的"五讲运动"。那个时候，培训到了淡季，也到了总结一年工作的时候。企业发展的形势很好，到了这一年，销售额翻番，已经突破了400万元。在北戴河与团中央青少年培训中心合作，新建了一个拓展训练场地，这个新的训练场所在老黑石路上，走到海边只需要十几分钟，此时公司的专职员工也有十几个人了，大家在一起分工合作，各负其责，相互配合，团结和睦，其乐融融，很有一种大家庭的感觉。在拓展训练学校工作的人都觉得非常地快乐，因为我们做的事是前无古人的事业，我们的产业是积极健康的朝阳产业，大家都非常热爱它，感觉拓展训练事业前途无限。另外，从经历上讲最初的员工几乎都是书生，加上刘力本人是个很有人格魅力的人。因此，当时的组织氛围非常和谐，让我觉得是我的职业生涯中，也是人生中最快乐的三年。

当然，这是企业的主流，在那几年企业的发展过程中也有一些问题，当时感觉不是小问题，但是现在看来都是些不是问题的问题。刘力非常想通过年终总结这个机会统一大家的思想，振奋士气，然后齐心协力向新的目标冲锋，但是，怎样来做？刘总经理有自己的大招。

在研究企业管理多年之后，我发现一个很有意思的管理现象，就是很多企业的一把手都会在他们的经营管理的过程中把他们在职业酱缸里浸泡多年腌制而成的某种特征习惯性地表现出来。

军队出身的企业家往往会树起"军事化管理"的大旗，强调令行禁止，强调没有任何借口地去完成任务。这样的一种管理，很容易让人联想到"无条件服从"，如果不，会有严厉的惩罚等着你。

体育明星从商后，在管理企业的时候奉行的是勤学苦练才能出人头地的准则，最喜欢讲的故事就是明星队打不过冠军队，因此要合作，要有团队精神。

知识分子讲的是严谨，关注细节，做一件事情之前，都要把每一个行动步骤考虑清楚，然后再去行动，追求的是卓越。

政府机关出身的人讲什么呢？讲政治。善于用思想政治工作的法宝来治理企业。很多民营企业的老总们都深知政治思想工作的威力，因而一定要在自己的企业里建立党组织。

刘总经理是党政机关干部出身，在这个部门工作了十几年，自然对在这个部门里总结工作的路数熟悉明了。那个时候全党提倡"讲学习，讲政治，讲正气"，通过学习文件、自我检查、集体讨论、批评与自我批评，制定今后的工作目标，并达到解决问题、统一思想的目的。

借着这个话题，刘总经理把这一年总结的主题定为"五讲"，形式和机关里搞"三讲"的流程如出一辙，唯一不同的是在批评与自我批评的阶段采用无记名写信的方式，即每个人都对其他员工提出自己对他/她的看法：优点有哪些，缺点是什么，我对你今后工作的建议是什么，等等。为了保证大家相互看不出是哪一个给自己提的意见，大家使用统一的笔和信纸，写好以后像投选票一样把它投入一个大纸箱里，再由专人把它分拣出来，发到每个人手里。这一天晚上，所有的员工坐在天元宫大楼里临时租用的一个小会议室里，当大家拿到纸条，看到其他人对自己的评价时，几乎所有人的脸上都蒙上了阴影。我当时并不知道这是为什么。我打开纸条，看了大家给我写的意见和建议之后，感觉多数人给自己的评价是公正的，提出的意见也是中肯的，大家提意见的方式也是委婉的、善意的，但其中有一封信说我"不懂管理，不懂培训"，让我看后心里感觉很别扭，像吃了苍蝇一样，有点想不开。在休息的时候，大家随便地聊天，这个时候我才知道，不仅是我接到了这样不负责任，也偏离事实的评价，其他很多人也接到了这样心怀叵测的恶意评价，而且看过其他人得到的评价后，我觉得对我提出"不懂管理，不懂培训"的评价算是最客气的了，难怪我看到大家的表情都不自然，忽然之间那种其乐融融的感觉就没有了。

接下来的程序是自我剖析。这个会议室不大，人挤得满满的，暖气烧得有点热，让人觉得有点压抑，氧气不足似的。在轮到王山杉发言的时候，说着说着，他突然泣不成声。我怎么也没有想到他会哭，这可是个1.78米、体重超过80公斤的壮汉，他是第二个追随刘总经理做拓展训练的人，是北京人众人教育集团的副董事长。当时他是北京拓展训练学校的副校长兼培训总监，我到拓展训练学校后一直和他共事，我们经常一起到各地做拓展训练。有一年，我们俩在北戴河新建的训练场所做培训，在一起住了差不多一个月，合作得非常愉快。他是一个性格坚毅果敢，为人正直，做事认真负责，不辞劳苦，学识渊博并有很强学习能力的人，他是我户外器械使用和项目指导的启蒙老师，他不抽烟、不喝酒、不打牌，没有任何不良嗜好，生活行为非常自律。有一次我们在外面培训，我们的一个合作伙伴请他去打麻将，他说"不会"，那人又问他"抽烟不抽"，他说"也不会"。"那你喝酒吗？"回答还是"不会"。那人开玩笑地说："那你活着干吗？"

王山杉唯一的业余爱好就是摄影，人众人公司各学校的宣传册上和其他出版物上面的照片绝大多数是他的创作，直到现在我都非常尊重他。当时他在发言的时候，嗓子有点沙哑、哽咽，对他的工作提出意见，他表示能够接受，但是说他是"粗暴，瞎指挥，笑面虎"，是无论如何难以接受的。别说是他，我听了都感觉太过分了，这简直有点人身攻击了。我当时心里也很激动，替他感到冤屈，就举手要求发言，可嘴还没张开，就忽然觉得压抑不住的喉头哽咽，我强忍住泪水，说出了我想说的一些话，主要是陈述王山杉的优点和贡献。听完我的发言，很多人都哭了，尤其是那些感情丰富，本来就爱哭的女士们。情绪是相互感染的，几个人的哭声同时响起，会议室里哭声一片，我想当时如果有外人经过门口的时候一定以为里边的人正在开追悼会。

"五讲"结束后，不知道大家怎么想，可我明显地感觉到，"政治"来了，当"政治"来到了一个组织，那么"家的感觉"就不再有了。过去大家在一起相处融洽，彼此之间那种相互信任、不用警惕和防范身边小人的工作氛围似乎一去不复返了，我需要重新审视这个集体，要小心行事了，因为在我们这个集体里还有一个或几个与大多数人格格不入的异类。当然，除了告诫自己要提高警惕性之外，还有一个特别强烈的好奇心，我真的想知道这个麻烦制造者是谁，他为什么会用这样的语言、这样的态度对待他的"战友"，难道大家拼死拼活、竭尽全力地为拓展训练这个共同的事业奉献他都看不见吗？由于是无记名写信的方式，也是因为刘总经理要求不要管别人怎么说，都要以"有则改之，无则加勉"的态度来对待，我心中的这个疑问在很长时间里一直得不到解答。

许多年过去之后，我静心思考，感觉到了"五讲"这个事情的积极意义，也真正理解了刘总经理的用心良苦。

经典的组织理论认为，一个组织在发展的不同阶段应该有不同的组织形式，当组织在成立的初期，基本上是星形的结构（见图2-7）。因为这个时候，组织的规模小，沟通便利，处于中心的管理者很容易控制全局，只要这个核心是一个有组织能力或是有人格魅力的人，就会把周围的人凝聚在一起，形成以中心为牵制力和吸引力的星形组织结构。这个结构的关键是它的核心。在人众人公司创业的时候，恰恰是这样一种结构。在1997年之前，人众人公司的专职员工屈指可数，寥寥数人，而刘总经理就是我们这些人的核心。他这个人不喜张扬，没有一点老板的架子，如果我们大家在一起的时候，根本感觉不到他是老板，和最基层的员工，包括兼职的教练，都能聊到一起，所以那时大家对他的评价就是非常具有人格魅力。

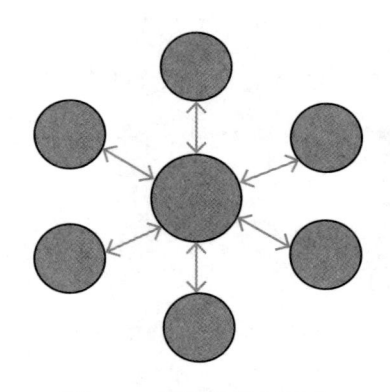

图2-7 组织的星形结构

当一个组织处在创业这个发展阶段的时候，管理是一件很简单的事，因为大家都是为了一个共同目标而努力奋斗，几乎所有的人都能够自我激励，自我约束，相互之间没有太多的利害关系，也不会太计较个人的得失，所以管理者也不需要动太多的脑筋怎样去调动员工的积极性，或是怎样防止员工对于组织肌体的侵害，他只需要把墙上那张"饼"画得大一点儿，圆一点儿，让大家看见之后馋涎欲滴，当然也要真的去烙"饼"，哪怕是在一开始烙得小一点儿，不够圆都没有关系。

在这个阶段，企业处在强劲的上升期，所有的核心员工都处在为实现自己的理想积极主动地做事的状态，那么这样的企业没有不发展、不进步的道理。很快，这个企业就会像充气球一样迅速地膨胀起来，它会招募更多的员工，开辟更多的赢利领域，从一片市场到多片市场，把触角从发源地伸向全国各地。

当企业发展了，组织规模扩大了，员工人数增加了，星形的组织结构就无力承载发展的重负了，其中最主要的原因是沟通环节增多了，沟通的成本随之增加。组织形成由最初的星形结构演变成适应企业新发展的层级结构，如图2-8所示。

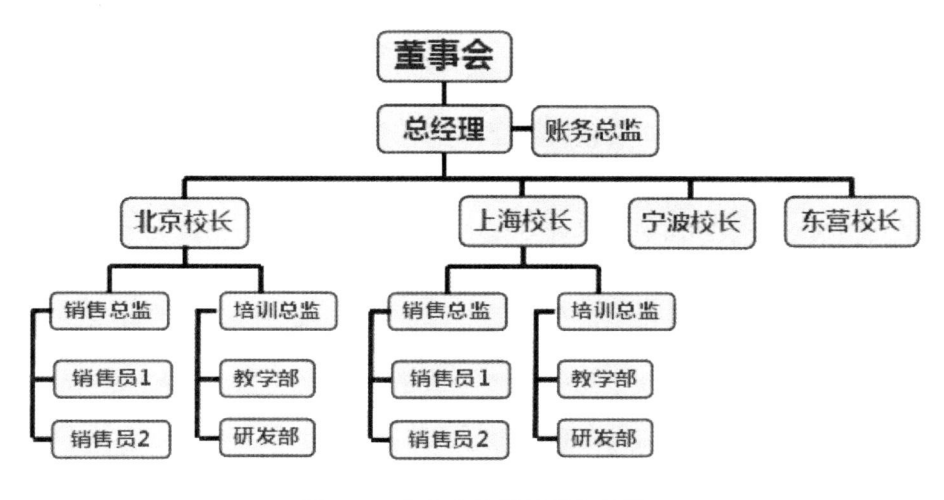

图2-8 人众人公司的层级结构

公司初创的时候，刘总经理与大家的沟通还可以是星形结构的话，管理控制还能做到，但是当每个主管下面又多了层级之后，刘总经理就很难和最底层级沟通了。因此，这个组织的结构设计必须随着组织的变化而变化，在这个时候就必须改变组织结构以适应组织发展的需要，要从星形的结构向层级结构过渡。

这种变化对任何一个企业来说都是一个坎，如果能够顺利地跨过它，企业就可以继续发展壮大，反之，这个企业的生命之树就将枯萎。

当时人众人公司面临的就是这样一道坎，刘总经理也隐约意识到，人众人公司必须摆脱这种小作坊式的经营管理，也要尝试着使用科学的现代企业管理制度来管理企业，否则，人众人公司就永远是一个小企业，而小企业抗风险的能力差，就像一只小船随时都可能在经济形势变幻莫测的大洋中沉没。虽然和和睦睦的组织氛围让员工感觉舒适，但是在员工感觉舒适愉快的时候，恰恰是老板不舒服、不愉快的时候，因此这是一种选择，现在很流行一句话，叫做"选择比努力更重要"。事实上，人众人公司在发展道路上面临的问题，也是一种选择，是选择小与和睦，还是大与规范，刘总经理毫不犹豫地选择了后者，因为谁也不愿意轻易"死"掉。既然不愿意"死"掉，就必须规范地管理企业。

这个道理现在看起来很简单，如果把它作为MBA试卷中的一道判断题放在你面前，相信任何一个有过企业经营管理经验或是有一定的企业管理知识的人都不会答错，但是在我们的现实生活中，我看到过、听说过很多小企业因为没有答对这道题而消失了，因为这道题看起来简单，但要真正答对它并没有那么简单。

1998年，我给一个来自全国各地的50多名企业家组成的企业家班上过一次有关"决策"的课。这堂课后，有一位来自广东做皮革生意的老板找到了我，他对我说："生意做到现在经历了无数的磨难，但是总算走上了正轨，公司现在的形势很好，也赚了不少钱，可是现在我又遇上了麻烦，真不知道怎么办了。说实话，我来北大听课根本不是想学什么，只是为了躲开这些烦恼，没想到，今天听了你的课感觉很受启发，所以想请你帮我出点主意。"

我其实就是一个只会讲点小课的人，又没有经营过企业，也就是工作中和企业的交往多了一点儿，我能有什么主意呢？但是，我想听他的故事。

他说他的这个公司是几年前和两个朋友一起开办的，当初创业的时候大家合作得很好，但是现在效益好了反倒不能好好合作了。因为是创业的老板，所以对自己放任，对员工蛮横，员工们对他们的意见很大。"我是老板，对他们又说不得，你一说他们就吵吵闹闹要分钱散伙，闹得我真不知道怎么办了。所以我现在就是这样一种局面，如果我下决心解决他们的问题，是找死，而听之任之，由他们去又是等死。你说我该怎么办？"

当时，我的确不知道怎样帮他，即使到了今天，事情发展到如此地步，好像也找不到什么更好的办法了。

这些年之后，又见了很多这样寿终正寝的小企业，创业的时候大家雄心勃勃，大有一种"世界在我们脚下"的意气风发，在这个时候，创业者们的确也能做到齐心协力，全心投入，不计较个人得失，奉献的多而索要的少，相互之间也能容忍彼此的个性。俗话说，"没有不开张的油盐店"，只要大家努力耕耘，总会有收获的，然而，"贫而无怨难，富而有骄易"，当企业业务基本稳定，口袋里有了一些钱之后，就会发生问题了。

按照企业生命周期理论，企业作为一个有机体，它也会经历一个生命的全过程，即出生、成长、老化和死亡四个阶段；不同的阶段会面临不同的问题，如同人在各个年龄段都会患病一样，如果积极采取措施治愈疾病，这个企业的生命就得以延续，否则，就只能沉没在企业历史的长河里。一般说来，在出生阶段就夭折的企业并不多，绝大多数是在成长阶段，因为在这个阶段，导致企业崩溃的原因往往不是来自市场、来自竞争对手，而是来自企业的内部，无论何种行业的企业，如果在这个阶段大家同仇敌忾、众志成城，即使竞争对手再强大，也不可能一口吞掉你，但如果你的企业内部的经营管理或是团结合作出了问题，那就只有自我毁灭了。

当企业处在业务猛增、规模扩大、发展迅速的时候，的确是一件振奋人心的好事，但此时风险也会悄然出现，如果企业家没有风险意识，陶醉在"形势一片大好"的感觉之中，而忽略了企业的治理和方向的引导，小问题就会演变成大祸患，当他发现这个问题的严重性之后，已经变成了"解决这个问题是找死，不解决是等死"的不治之症。

可以说当时人众人公司管理方式的改变是必须的，这是一个正确的选择，尽管采用的手段还有商榷之处，但这表明了当时的刘总经理所做的选择是正确的。为了企业做大、做长久，必须打破人情的樊篱，走上科学和规范的企业管理之路。从这样的选择中，可见刘总经理的远见卓识。

第三章
"人众人"的扩张

3

"人众人"的扩张

第三章 "人众人"的扩张

第一节 上兵伐谋

企业设计是围绕利润进行的,在诸多赢利的策略中,其中一种叫作"相对市场份额模式"(relative market share profit model)。在许多行业中,市场份额高的企业自然比市场份额低的企业更能够赢利。这是因为,大型企业有较多的产品制造经验和批量购买原材料的条件,具有成本和定价方面的优势;较大的销售额也相对降低了广告费用和固定成本。相对市场份额是针对同行业竞争对手来说的,按照相对市场份额模式,相对市场份额越大,企业越能够赢利。

要想经营一所拓展训练学校,必须投资两个地方:一是建立一支由销售人员、培训师和后勤行政人员组成的队伍,并保障他们能够完成任务的基本条件。二是建设一个培训的场地。这个场地要具备基本的训练设施,保证能够开展各种项目,当然训练架不一定要做成钢筋水泥的,但一定要有。一旦建立了这个训练场地,能不能赢利的关键就在于这个训练场地的使用频度。使用频度越高则成本越低,这是最简单的道理。

人众人公司在创业的前几年,就是这样的一种经营模式。尽管在创办企业的时候没有人来做企业的设计,但是在人众人公司发展的道路上,它的经营者和管理者们看到,这是当时公司最有可能赢利的经营模式。

古人讲,"善弈者谋势,不善者谋子"。

在1998年的时候,人众人公司的董事会成员召开了一个关于未来发展的战略研讨会,在这个会上做出人众人公司要把拓展训练快速推向全国的战略规划。

拓/展/训/练/简/史

人众人公司的管理者们已经清楚地看到，拓展训练这个行业门槛低，竞争者随时都会出现，而且当时种种迹象表明，竞争的时代即将来临。

作为一种培训产品，拓展训练这种方式一出现就让很多人耳目一新，媒体的动作最快，很快中央电视台、北京电视台几个频道的记者都来到我们在房山的训练场地对拓展训练进行新闻采访和报道。记得北京6台体育频道的主持人还用了"最近拓展训练火爆京城"这样的描述，还有一些报纸杂志也刊登了相应的文章，加上参训学员的口碑相传，这样一种培训的方式和创造利润的方法在大江南北不胫而走。于是来了很多人找刘总经理谈合作，也有一些来"偷活儿"的人。最典型的是来自云南昆明的两个人，他们说是来谈合作，要引进"拓展训练"这个项目，想先体验一下。恰好当时有一家外企要做为期三天的培训，就把他们安排到这次培训中。培训完成后，两个人表示要先回去向领导汇报工作，之后再来谈合作事宜，可是这一走就杳无音信了。半年后，王山杉给我看了一张报纸，上面刊登了一则消息，原来是来公司谈合作的那两个人，他们把一些训练项目，比如"断桥"和"空中单杠"建在一个景区里，当作收费的娱乐项目，并且摔伤了一个人，被媒体曝光了。

面对即将来临的竞争局面，人众人公司要想保持住"首创"的优势，并且获得相应的利润，就必须加快发展的步伐，因此确定了以珠江三角洲和长江三角洲等经济发展形势良好的地区为首选突击方向的扩张战略，并在全国确定了12个大中城市作为建立分校的地点。接着，在1999年，人众人公司在这盘棋局的"谋势"中最先投下了三颗至关重要的棋子：第一，派出王途到上海建立上海分公司；第二，派出王山杉到大连建立北京拓展训练学校大连分校；第三，授权华嫘筹建北京拓展训练学校的新校址。这几颗棋子的投出对于人众人公司来说有两个重要的意义：第一是巩固根据地，第二是抢占先机。

1999年，王途只身一人被派往上海，去筹建人众人公司的上海分公司。创业的艰难自不必说，很快王途就在上海建立了一支队伍，并在距离上海市区130多公里外的苏州太湖边上的太湖明珠酒店建立了华东地区第一个拓展训练场地。

第三章 "人众人"的扩张

太湖明珠酒店濒临太湖，曾经是一个远离苏州市区最大、娱乐项目最多的公园和游乐场。据说在1994—1995年的时候这里生意异常火爆，每到节假日，这里车水马龙、人山人海，稍微晚了一点，连停车的地方都找不到。可是不久，又一个大型综合的游乐场"苏州乐园"在苏州新区落成了，对于苏州市民和周边地区的百姓来说，"苏州乐园"地理位置更近，娱乐项目更新、更刺激，且交通便利，省时省钱，于是，再没有什么人去太湖明珠了，车水马龙变成了门可罗雀。老子曰："祸兮福所倚，福兮祸所伏。"有时候大祸临头是因为享福太多，同样，有时候福星高照又是因为去日苦多。

对于太湖明珠的经营者来说，没有经营娱乐场的失败也就没有引进拓展训练的成功，如果娱乐场的生意依然火爆，它绝不会引进拓展训练；对于人众人公司来说，是借了别人的祸得了自己的福，能够在一个精雕细琢的公园里建设一个拓展训练的场地，把训练架修建在绿地、鲜花、异树和溪流间，是人众人公司和参训学员的福分。

这个训练场地是目前为止我见过的最好的场地（见图3-1），宽阔又相对集中，同时容纳几百人参训都不会显得拥挤，房间、教室很多，方便训练之后的分享回顾和躲避风雨。场地外边就是我国第二大淡水湖——美丽的太湖，有崇山峻岭，林木葱茏，特别适合做野外课程。我在这里工作过两年，经历过很多至今难以忘怀的事，包括SARS的时候，我独自一人在这个空旷的大公园里孤独又惬意地住了十几天。调离上海以后，南下广州，转战南北，到过全国各地，见过各种各样的培训场地和建造得奇形怪状的训练架，可再也没有见过这样好的培训场地了。

2007年的7月，再次来到太湖上的西山岛为通用汽车公司做一个大型的野外项目，途经太湖明珠酒店，不无遗憾地看到，所有的建筑和植物都在推土机的轰鸣声中消失了，昔日的美景变成了一片荒土，黑黄色的泥土带着腥腥的湖水味道一直伸向远远的太湖边。我在那里站了很久很久。

原来经营者把它开发房地产了。

人众人公司成功地在上海抢滩登陆，在华东地区树起了户外体验式培

拓/展/训/练/简/史

图3-1　人众人公司在太湖边上的拓展训练场地

训的大旗，并且在初期获得了难以想象的经济效益。因为是华东地区的第一家，在客户没有选择的情况下，人众人上海分公司对外销售价格可以达到每人每天1200元的高价，那时，刘总经理每从上海回来，就告诉我们这个好消息，我们都为拓展训练在上海的顺利发展而高兴。

　　人众人公司有了房山新华社的龙门训练场之后，等于有了自己的根据地，但是这个地方从发展的眼光来看也有很多的不足：第一是基本的食宿条件差，第二是受制于人。因为龙门训练场最早是军营，住宿的房间也是按照当时的国力和兵营特点建造的简易筒子楼，使用公共卫生间，房间也只有两种：一种是三人间，一种是六人间。除去办公室和会议室，最多只能接待80名学员。由于天长日久没有维修，楼里的暖气基本上都已经坏掉了，到了冬天就不能住人了；而在夏天，因为没有装空调，也热得让人无法忍受，尤其是二楼，楼顶只有薄薄的一层，太阳一晒就透了，在房子里感觉就像在蒸笼里一样。1997年的盛夏时节，我在那里带一个班做培训，恰巧住在二楼上。躺在床上就像躺在烤箱上，我只好用凉水把毛巾打湿铺在床上，然后躺在上

第三章 "人众人"的扩张

面,当时感觉舒服多了,可没有多久又热得不行了,再去打湿,一晚上热醒五六次才熬过漫漫长夜。那时候在夏季经常发现学员在培训的第二天蔫头耷脑,睡眼惺忪,以为学员又通宵达旦地"拖拉机"大战了,可一问才知道,是因为夜里热得根本无法入睡。后来学员的抱怨和意见多了,场地的主管就只好找人用苇席在楼顶上铺了一个夹层,可收效甚微。这个二层的小楼只有在春秋天的时候才能让学员没有抱怨。

学员就餐是依靠新华社绿化基地的食堂,凡是有过在食堂就餐的人大概都会有这样的抱怨,"素菜多,荤的少,吃不饱,不卫生",等等,因此那时与食堂经常会有摩擦。一个巴掌拍不响,既然是摩擦就一定是两边都有问题,食堂方面的原因最主要就是卫生的问题,比如在菜里面吃出根头发,吃出个苍蝇,肉有馊味,等等,这都是经常会有的事儿。最让我心惊胆战的一次,就是亲眼看到我们的一个培训师从菜盘里用筷子夹起一条足有筷子那般粗、近两寸长、油光闪烁的黄绿色毛毛虫。这样大的毛毛虫在自然界都是比较罕见的,居然出现在我们的菜盘里?

当然,我们也有自己的问题,就是不按时去吃饭。拓展训练在初期的时候,对于如何保证培训效果没有一个标准,在做个人挑战项目的时候,通常的做法就是不考虑时间的因素,只要能够帮助学员完成心理上的突破就是我们最大的成功,因此,我们的培训师通常都会一边鼓励学员突破心理障碍,一边耐心地等待他/她完成这一次的突破,所以那时在"断桥""空中单杠"这样的个人挑战项目上,通常都会耗时很长,我所知道的最长的纪录是5个小时。那是个20多岁的小伙子,吃过早饭我见他就站在断桥(拓展训练高空挑战项目之一)上,等我巡视完场地,又出去采购器械,回来后直接去食堂午餐,再回到场地,他还站在上面。从此我知道了,胆小,真的不是女性的专利,因此,当哪个队赶上有心理障碍较大的学员的时候,这个队就会耽搁用餐的时间。没有按时去吃饭,食堂的工作人员就不能按时下班休息,自然就会有意见,有意见当然不会只藏在心里,写在脸上的那副表情让你看了以后心里懊悔得恨不能立刻挖个坑跳进去。

洗浴是在公共大澡堂子里，要定时烧锅炉才能洗澡。大多数时候学员都能按时洗澡，但也有一些时候因为停电、停水、锅炉检修等学员不能洗澡。

有一些时候，也会因为水电费、场地租用费等原因与合作方发生一些矛盾，而导致服务水平下降。

由于这些原因，特别是接待能力不足的原因，使刘总经理下决心要拥有一个属于自己的训练场地。

场地的选址依然是刘总经理最初的思路，一定是在一个有山有水、远离城区喧嚣的地方，这个艰巨的任务交给了华嫽。她开着车，用了一个多月的时间跑遍了北京郊区的山山水水，最后在权衡了很多因素之后把训练场所锁定在房山区良乡一个叫青龙湖的水库边。这个地方属房山区水利局管辖，有两个院子，中间被一座长满翠绿松柏的小山坡隔开，南边的院子里有四栋小别墅，依水而建，从窗子里向外看去就是碧波荡漾的青龙湖水，再远处是层峦叠嶂的太行山余脉。夏秋之际，天朗气清，天域辽阔，让人顿生豪气，不由想起范仲淹的《岳阳楼记》：

予观夫巴陵胜状，在洞庭一湖。衔远山，吞长江，浩浩汤汤，横无际涯；朝晖夕阴，气象万千……。

至若春和景明，波澜不惊，上下天光，一碧万顷；沙鸥翔集，锦鳞游泳；岸芷汀兰，郁郁青青，而或长烟一空，皓月千里，浮光跃金，静影沉壁；渔歌互答，此乐何极！……

洞庭的湖光山色流淌在优美的文字和极富想象力的描绘中，而眼前的美景似乎更多了一分真实。

第一次被华嫽领来考察这个基地的时候（让我确定各个训练项目的具体位置），看着这里的景色，心生感慨，不由地想起大文豪笔下的优美词句，还有房间里的几条小蛇也让我印象深刻。

北边的院子里有几排平房，是水利局职工们的工作场所。

当时恰好有一个机遇，房山区的一位主要的领导曾经在北京市委组织部任职，而刘总经理也是从这个部门出来的人，因此，当房山区招商引资部门

第三章 "人众人"的扩张

对引入拓展训练学校做了认真充分的考察之后，结论是这是一个非常有前途的项目。在这位领导的帮助下，区里给了拓展训练项目非常优惠的政策，把这一块地买下，用45年的时间分期付款。从此，人众人公司有了自己专属的培训场地。

接下来，人众人公司又用了近一年的时间，精心设计和建造了一个非常适合户外体验培训的培训场地（见图3-2）。综合训练架临水而建，是钢筋水泥结构的永久性建筑，高达20多米，气势磅礴；形状设计成展翅欲飞状，预示着人众人公司的拓展训练在未来将展翅高飞。

图3-2　人众人公司在北京房山青龙湖的训练场地（2000年完工）

在那个炎热的夏天，我足足用了两周的时间安装和调试这个建筑上的训练项目的各种组件，流足了汗水。

如果说人众人公司在上海一路凯歌高奏，但在大连的开拓却是出师不利，铩羽而归。

一次在办公室见到王山杉从大连回来，我还没有来得及和他打招呼，就被刘总经理叫走了，他们两个谈了有一个多小时，看见王山杉垂头丧气地从刘总经理的屋里出来。后来他告诉我，大连项目下马了，他没有说什么原因，只是说："基地都已经找好了，是一个很美的地点，距离市区也不是很远，营业执照下周就可以取到了，最多还有一个多月就可以建成营业了。"在描述这些的时候，口吻里充满了惋惜和眷恋，以及壮志未酬的遗憾。

第二节　特许加盟

值得庆幸的是在拓展"谋势"的过程中有两个省自动加入了，一个是山东省，一个是浙江省。1998年在山东东营胜利油田成立了"胜利拓展训练学校"，1999年在浙江宁波的溪口成立了"北京拓展训练学校溪口分校"。

成立这两所拓展训练学校是人众人公司"谋势"的一部分，刘总经理同意他们经营拓展训练也是为了尽快扩大公司规模并得到更多盈利。

这两所拓展训练学校加入拓展的方式，实际上就是现在流行的"特许加盟"，那么，什么是特许加盟呢？

我们来看看国际特许经营协会对特许加盟的解释：

特许加盟是特许人与受许人之间的一种契约关系。根据契约，特许人向受许人提供一种独特的商业经营特许权，并给予人员训练、组织结构、经营管理、商品采购等方面的指导和帮助，受许人向特许人支付相应的费用。

通俗地讲，特许经营是特许方拓展业务、销售商品和服务的一种营业模式。

特许加盟有如下特征：

（1）特许加盟是利用自己的品牌、专有技术、经营管理模式等与他人的资本相结合来扩大经营规模的一种商业模式。特许加盟对特许人来说，是技术和品牌价值的扩张，是经营模式的克隆，而不是资本的扩张。

（2）特许加盟是一种智能型的商业组织形式。特许加盟使特许经营人能够充分地组合、利用自身的优势，并最大限度地吸纳广泛的社会资源，降低

第三章 "人众人"的扩张

受许人的创业风险和时间、资金等创业成本。

（3）特许加盟是一种双赢的商业模式。只有使特许人获得比他独自经营（直营）更有效率的发展，让受许人获得比独自经营更多的利益，特许加盟才能进行下去。

尽管当时没有人听说过"特许加盟"这个概念，但是我相信这是商业规律，这种情况会在企业经营的过程中自动发生，无论是特许人去发展受许人，还是受许人主动找来。这两个地方都是自己找上门的，并且都付了加盟费，胜利油田团委一次付给人众人公司80万元，并且每年还要付给人众人公司他们开展拓展训练而获得利润的30%。

溪口这个学校的建立是纯粹的个人行为，一个小学校长不甘心他当时的生活状态，总是想有一番作为，但是又没有特别适合他的项目，当他听说了拓展训练，就义无反顾地投身于此。1998年年底，人众人公司的年会在溪口分校召开，会后，我率领一哨人马到了中国佛教四大名山之一的普陀山。当晚在沈家门，18个人被后劲十足的当地黄酒醉的不省人事，第二天上山后，还是头重脚轻，可是当站在山顶上，还是庄严、虔诚地许了个"拓展千年"的愿（即人众人千年），今年就是20年后还愿的时间了，可人众人公司在哪儿呢？

因为时间久远，照片上的人多已失去联系，选此照片时也小有纠结（见图3-3），原谅你们当年的"老大"没有征得各位的同意就用了此照片，没有商业目的，只是记录真实的历史，所以，当你偶读了此书，千万别找我要什么"费"啊！

1997年10月，美国盖洛普公司对全美范围内的特许加盟行业做过一次调查，调查显示：90%以上的受许人表示，他们的特许经营可算成功或很成功。其中18%的人超越了期望值，48%的人很大程度上满足了期望值，24%的人基本满足了期望值。2/3的被调查者认为，如果他们独自开创相同的产业，他们就不会取得如此的成功。近2/3的人表示，如果再有这样的机会，他们还会购买或投资相同的特许经营。 实践调查证明：加盟创业的成率为95.5%，

图3-3 人众人公司出席年会的代表在普陀山合影（第一排的人为本书作者）

独自创业的成功率为4.5%。

但是，刘总经理一手做成的这两个"特许加盟"却失败了，败得那么快，那么彻底。

可能"特许加盟"这样一种商业模式更适合有形产品，而"拓展训练"是无形产品，一旦受许人获得了关键的技术，特许人对于受许人的约束就几乎没有了。

分校建成后，训练架建好，培训师在北京培训完成，开始经营了。由于各地区经济发展不同，消费能力也就不同，特别是溪口分校，完全是个人行为。袁校长投资了拓展训练，自然是为了赚钱收回投资，并在今后有更大的盈利，但是"全国统一价格"的公司政策让他的赢利愿望成为泡影，因为当时每天每个学员的培训费1000元对北京、上海的企事业单位可以接受，而在溪口几乎没有一家可以接受这样的高价。袁校长无奈，只好降价促销。风声传出后，上海公司遭到投诉：同是人众人公司的学校，溪口学校为什么这样便宜，你们上海学校为什么这样贵？

刘总经理与袁校长几番讨论，甚至亲赴溪口，也没能解决问题。

东营分校的主要学员来自企业内部，没有价格的困扰，但是承诺的每年利润的30%返利，始终没有落实。

随后，分校失控。

急于求成的心态导致刘总经理没有把这件事想得特别清楚，其结果就是孕育出了自己直接的竞争对手。

第四章
完善产品——培训品质

4

完/善/产/品/——/培/训/品/质

第四章 完善产品——培训品质

第一节 班后会

在经营战略上，人众人公司不失时机地向前发展，同时拓展训练作为一种产品，它也在不断地被完善。几年来，拓展训练成了一种时尚的新事物，来参训的企事业单位越来越多。1999年年底，我们做过一个统计，当时我们培训部共有7名专职的培训师，还有几十名兼职的培训师，他们负担了全部的培训任务，年底统计，专职培训师年带班量都在100天以上，其中，最多的一位是刘国龙老师，他带了110天的班，几乎一年的1/3时间都在带班，这仅仅是按照天数统计的，还没有算上培训备勤和野外培训的踩点（即野外穿行路线的选择和做项目场地的选择）。另外，如果我们按小时计算（人众人公司在计算培训师工作量时，规定一天的培训按1.5天计算，这是因为培训师的工作时间长，劳动强度大），则达到了150~180天，也就是说，专职培训师在全年有一半的时间在带队培训。这样一个培训的量，对每一个培训师来说都是提高自己培训水平的大好机会，况且培训师们也都希望能够提高自己的培训水平，因为这和他们的绩效息息相关。

事实上在最初的时候人众人公司就已经意识到了产品质量和企业寿命的关系，因此才会狠抓制度和流程的建设。

我在刚进入北京拓展训练学校做培训师的时候，这家企业刚刚有了一个组织架构，还谈不上管理，因为当时培训部只有王山杉是北京拓展训练学校的培训总监，他手下没有一兵一卒，所有的培训师都是兼职。没有专职员工，自然也不需要管理，我们这些兼职的培训师在有了培训任务之后，就到了房山场地。明确了自己的任务之后，就没有其他的事情要做了，电视只能

拓/展/训/练/简/史

接收一两个台，于是大家最热衷的娱乐活动就是"干憋棍儿"（这是扑克牌的一种玩法，北京人管这种玩法叫"敲三家儿"。六个人参与，分成两拨，1、3、5是一伙儿，2、4、6是另一伙儿，两家儿人必须根据自己拿到牌的情况默契地配合才有机会战胜对方。这种玩法有几种，其中一种，只用一副牌，没有主牌的就叫"干憋棍儿"）。我们当时是不赌钱的，但既然是竞技，就要比出输赢，有了输赢就要有奖惩，否则玩起来就没有意思，所以我们也有奖惩。方式很简单，就是哪一拨人输了，他们三个人就从桌子或椅子底下爬过去一次，包括刘总经理。最有意思的一次是把电视台来拍片子的一个小姑娘也忽悠得从椅子底下爬了过去，因为她想当培训师，有人告诉她，做拓展训练的人没有什么放不开的，于是她就真的从椅子底下爬过去了。

如果是完成了培训，王山杉领着大家把用过的器械放回库房，然后发给我们一人一天200元的课酬，大家就高高兴兴地回到市区找个金山城聚餐吃麻辣火锅。

当我正式加入了培训部，并且开始负责管理培训部的时候，感觉无形中有了很大的压力。因为培训班多了，培训部已经有了几个专职的培训师，问题和矛盾冲突也渐渐多了，内部管理有种种问题，培训也有比较突出的问题。当时大家做拓展训练的确没有经验，因此，每一次带完了班大家都喜欢聊一聊带班时发生的情况，在培训过程中遇到的难题以及一些有趣的事儿。当大家对某个人提出来的话题感兴趣的时候，就会围绕这个话题，每个人从自己带队的经验出发，概括出自己对这个问题的看法。有时候也会因为看问题的角度不一样而产生争论，但因为都是为了拓展训练这个共同的事业，并没有人会往心里去。因为我是培训部的负责人，参与这种讨论比较多，听到很多大家对培训管理和培训质量的真诚而又中肯的意见，但是由于这些谈话一般都是在非正式的场合，比如乘车、晚饭及各种场合聚会的时候，因而没有形成知识的积累，有心人听过了就记在心里，不在意的人就这个耳朵里进、那个耳朵出了。我就在想，既然大家提出的意见和建议对培训部的管理有促进，对培训师的培训有帮助，对拓展事业的健康发展有利，我们为什么不采用一种方式经常和有效地得到这些好的意见和建议呢？

我想到了用开会总结的方式，就是每做完一次培训，并不是像以前那样立刻收拾行李回家，而是开一个总结会，让每一个带队的培训师把自己此次培训过程中做得好的和不好的地方做一个总结，对整个培训的意见和看法，以及在培训过程中观察到其他培训师的一些不合理的情况都谈出来，然后大家一起讨论，如果某一个问题大家能够形成共识，我们就可以把它定为制度，以后培训的时候大家共同遵守。

开过几次这样的总结会之后，我记录了几十条非常有价值的意见和建议。当然，这个会在实施的过程中也有一些不足，比如，一些刚刚加入拓展学校做了拓展培训师的年轻人喜欢报喜不报忧；有的时候大家对某一个问题执不同的观点，很长时间不能形成决议，在争吵中浪费了大量的时间，等等。这些问题影响了会议的效果，我和大家商量之后做了一些调整，把这个总结会正式定名为"班后会"。会议的主要内容是总结此次培训的问题和教训，特别是安全问题和影响培训效果的重大问题。如果大家能够在会上短时间形成决议，就定为制度，以后大家遵照执行；如果议而不决，就记录下来，向管理层汇报，管理层尽快给大家一个满意的答复。

针对班后会上有时会出现的表扬和自我表扬的情况，我们还制定了一个会议原则，就是"只查问题，不说成绩"。因为把事情做好是我们的义务，找到问题和解决问题才可能发展和进步，另外，也是为了节约时间，每次培训结束后，时间都已经很晚，从房山岳各庄到六里桥正常情况下也要一个多小时的车程，培训师们都要赶回家。

有一次刘总经理也来参加了我们的一次班后会，在会议即将结束的时候请他讲话，他微笑着问了大家一个问题："以往我们在这个时候都在干什么？"大家都笑了，因为在没有班后会之前，我们这些培训师几乎每个人都积极参与"干憋棍儿"的活动。刘总经理给我们这个"班后会"很高的评价，并鼓励我们再接再厉，做得更好。当时他具体说了什么我已记不清了，可他那交织着满意、欣慰、得意、轻松,还有在他开玩笑时才有的几许狡黠的表情至今还清晰地记录在我的脑海里,就像发生在昨天。

在成功地实施了班后会的基础上,我们又制定出"班前会"和"班中会"的制度,这两个会的目的也是增进培训效果。

班前会的作用更多是做好此次培训的准备,有如下内容:第一是要把参训单位的基本情况、培训需求,以及结合培训需求所设计和安排的项目等内容与几个带队的培训师沟通清楚。这项工作最开始是由培训部的负责人来做,后来改成由项目经理来做了,有的时候项目经理缺席,就由项目经理写成此次培训的沟通表,发给各个培训师。第二是培训的安排。培训部事先根据参训学员的基本情况做出课表,课表的内容是把所有的工作任务清楚地分配到每一个培训师的头上。课表发下来后,大家提出问题,如果没有问题,大家就分头去实施,否则,会做出相应的调整。第三是培训部的负责人提出工作要求。一般包括两个方面:一是敬业精神,二是强调安全。敬业是那个时候大家的自觉行为,但是安全,需要反复地讲、反复地强调,这个会有多少领导参加,就有多少次安全的强调。

班前会还有一个重要的作用,就是大团队外训时的沟通,比如100人以上的参训学员,由于大家是离开了熟悉的基地培训环境,而来到一个陌生的野外环境,这个培训前的沟通会就尤其重要了。

班中会是在培训期间召开的,它的作用是及时发现问题,及时调整。在做拓展训练的初期,一般的参训单位培训时间要在两天以上。记得时间最长的是贵州的一个制药企业,用5天的时间来培训,最后,项目都不知道如何来安排,只好交给带队的培训师自己来看着办,因此,在培训的中间可以开这样一个会,了解客户对我们的评价。经常的情况是,在他们做完第一天的培训后,我们都要与他们沟通,询问他们有什么意见,对我们的培训有什么新的要求,然后我们会把从客户那里了解来的信息与每位带队培训师及时沟通,在第二天迅速改进。同时,也从各个带队培训师的角度了解培训的进展情况,如果有问题,及时调整和解决。

第 / 四 / 章 / 完 / 善 / 产 / 品 —— 培 / 训 / 品 / 质

这三个会在培训的过程中实施了一段时间后，感觉效果突出，经过讨论，我们就正式地把这三个会纳入培训流程，并形成了培训部的《会议制度》。

第二节 培训评估

在那个时候，还有一个提高培训质量，保证培训效果，及时发现问题，积累培训资料，鼓励培训师之间相互学习、相互竞争的重要措施出台了，就是每一次培训完成之后，这个队的每位学员都要对自己的带队培训师做一个满意率评估。

最初几年我们做拓展训练的时候，对培训师没有任何形式的考评，大家带完一次培训后就高高兴兴地离开了，没有人知道一个培训师的培训效果，学员对他是否满意，有没有教学事故和安全隐患。

曾经有一次在龙门基地培训，学校方面接到了客户的投诉，这家公司负责组织此次拓展训练的一位行政部的经理大为不满地找到了当时的校长王途，说我们的一个培训师差一点儿把他们的人给摔了，做"空中单杠"的时候安全带松开了，要不是腿上的带子箍得紧，人就没命了。王途马上找到这位叫山青的培训师了解情况，他承认是自己的疏忽，没有检查学员的安全带是否打了反扣，就允许学员爬上了高空。

当时我们在做"空中单杠"这个项目时，使用的是半身坐式安全带，而且是开放式的，这种安全带必须是先要打一个正扣，然后再折回来打一个反扣，才能防止在遇到较大冲坠时不会松开。所谓"冲坠"就是指人或物体从高空加速落向地面的过程。下落速度按照一般人的体重计算，约等于每秒50米。这样快的速度，如果只打一个正扣的话，轻而易举就被扯开了。

这样一个严重的事故隐患，如果不是那位组织者恰好在一边观看，就成了一个永远没有人知道的秘密了，就好像从来没有发生过一样。因为学员是

81

不会反映这个情况的,一是他们不懂这算不算事故,二是何必与两天来朝夕相处的培训师反目成仇呢?

事情发生后,给拓展训练的管理者们提出了新的研究课题:如何才能准确把握培训师在培训中的表现?

事实上,这真的是一个和"哥德巴赫猜想"一样的难题。

有人会说,找个人全程跟踪观察这个培训师的表现不就可以了吗?这会导致成本太高。因为学员在参加拓展训练时,一般我们会把学员分成12~15个人一个队。分好队之后,每队由一个培训师带领完成所有的培训项目,如果说只有一两个队参训,培训部可以派出人去观察培训师的表现,有时是十几个队同时参训,跟踪会变得非常困难;而抽查又起不到全方位的监督和促进的作用。

因此,直到今天也没有一个非常好的方法来解决这个问题,但在当时,有人提出了一个并不完美却可行的解决方案,即请学员给培训师做评估。

这个人我称他为"甄老师",因为在征求他的意见的时候,他表示不要把他的名字写在本书里。我和他是多年的同事加朋友,尽管他比我还小两岁,但在我心中他却是一位值得尊敬和崇拜的师长,是一位极富智慧的人,和他在一起总有收益。

他是人众人公司的董事之一,在人众人公司的位置举足轻重,曾是我在中组部的同事。事实上,刘总经理是在前面冲锋陷阵的人,而甄老师是幕后那个运筹帷幄的人,整个公司的经营都是在他的指点下进行的,可以说没有甄老师就没有当时巅峰状态的人众人公司。如果说刘总经理以他的果敢和人格魅力支撑着"拓展"一半的天空,那么,甄老师则是以他的睿智和企业经营管理的见识支撑着"拓展"的另一半天空。

甄老师出生在江西的石城——一个贫瘠却山清水秀的小山村里。甄老师兄弟三人,在恢复高考的那几年里先后考上了名牌大学,而甄老师以当地第一名的高分考上了北京师范大学,本科毕业后,又直接考上了研究生。

第四章 完善产品——培训品质

他从北京师范大学毕业之后就来到当时我所在的一个组织部门的科研所，后来我们又一起调到中组部的培训中心，在一起工作十几年，我非常欣赏他渊博的学识和豪爽的性格。我在前面提到过，当时我们中心开发了一个系列的令人耳目一新的领导艺术课程，就是在他不懈的努力和坚持下形成的，而这些课程的基本框架，以及与学员互动的授课方式、讲授的内容、讨论的话题，包括使用的案例都是他亲手设计和编制的。可以说没有他的贡献就没有这个领导艺术的课程，甚至可以说，没有他的贡献，今天在中国火热繁荣、蓬勃发展的、面向企业和各类组织的现代培训至少要迟到3~5年。

我非常喜欢听他讲课，他在讲课的时候给我的感觉就好像是开启了一扇知识的大门，那么多似曾相识又未曾谋面的历史的、管理的、心理的、教育的知识和理论，被他用故事的形式娓娓道来，听得我和学员们如醉如痴；而且，他在讲课时的遣词用句极其精准，有的时候，有些观点和意思的表达听起来好像可以换个词更贴切一点，可我搜肠刮肚，换了很多词之后发现，还是他那个词用得最准确、最恰当。

这么多年，听了很多人讲管理的、领导的、经营的、销售的课，当然，各有各的风格和特色，从不同的角度或多或少都会有所收益，但是，从知识量和流畅生动这两个维度来评价的话，他的课是最好的，这不仅是我个人的评价，我的一些做培训的朋友都有这样的共识。

当时我们在房山龙门训练场地的办公室里，那是个星期天，甄老师居然骑着自行车，早上6点从他家——朝阳区的红庙出发，用了6个小时骑到了我们在房山的训练场地。那可是100多公里的路程，又正值夏天，把我们这帮号称体能特别好的年轻人都惊得目瞪口呆。刘总经理说："这有什么，过一会儿他还要骑回去呢。"

让我踢两场足球，我可以坚持，因为毕竟有竞争、有趣味，但是这样枯燥地骑六七个小时的自行车我无论如何都做不来。当我真心诚意地表示钦佩和赞美时，他云淡风轻地说："习惯了，以前在家里自行车是唯一的代步工具，多远的路都要骑车，我教书的那个村子从我家要翻过两个山，我都是骑车去的。"

我问："上山的时候怎么办？"

"扛着啊！"他一副无所谓的表情。

我这才知道，在距离我们2000多公里的地方，有些人居然是这样生活的。

在办公室休息的时候他问起我们学校目前的情况，王途提到一些培训师在培训中的表现和参训单位的一些意见，甄老师听了以后，抽着烟想了一会儿，对王途说："不如我们也请学员给培训师做评估吧，让学员来监督教练的表现。"又说："我自己讲课的时候都要请学员来做评估，这对提高自己大有裨益，先把这个事儿做起来，如果有什么问题再修改也不迟。另外，这也是在培训师之间建立一个竞争的机制，从长远看一定有好处，这就是'鲇鱼效应'嘛。"

于是王途设计了一个评估表，如表4-1所示。

表4-1 北京拓展训练学校教学工作评估表

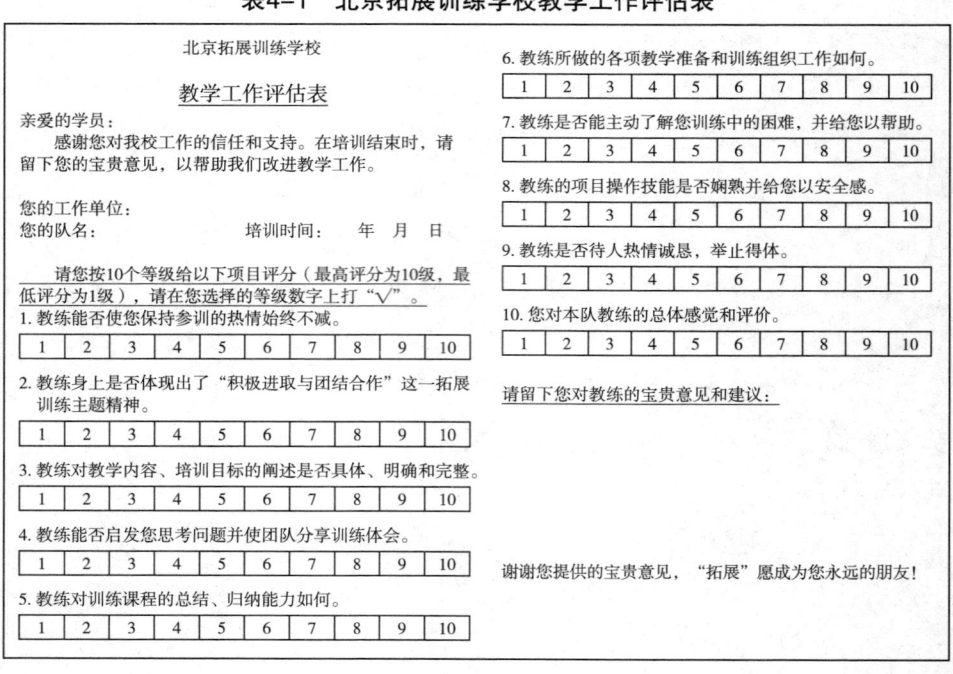

北京拓展训练学校

教学工作评估表

亲爱的学员：

感谢您对我校工作的信任和支持。在培训结束时，请留下您的宝贵意见，以帮助我们改进教学工作。

您的工作单位：
您的队名：　　　　　　　培训时间：　年　月　日

　　请您按10个等级给以下项目评分（最高评分为10级，最低评分为1级），请在您选择的等级数字上打"√"。

1. 教练能否使您保持参训的热情始终不减。

| 1 | 2 | 3 | 4 | 5 | 6 | 7 | 8 | 9 | 10 |

2. 教练身上是否体现出了"积极进取与团结合作"这一拓展训练主题精神。

| 1 | 2 | 3 | 4 | 5 | 6 | 7 | 8 | 9 | 10 |

3. 教练对教学内容、培训目标的阐述是否具体、明确和完整。

| 1 | 2 | 3 | 4 | 5 | 6 | 7 | 8 | 9 | 10 |

4. 教练能否启发您思考问题并使团队分享训练体会。

| 1 | 2 | 3 | 4 | 5 | 6 | 7 | 8 | 9 | 10 |

5. 教练对训练课程的总结、归纳能力如何。

| 1 | 2 | 3 | 4 | 5 | 6 | 7 | 8 | 9 | 10 |

6. 教练所做的各项教学准备和训练组织工作如何。

| 1 | 2 | 3 | 4 | 5 | 6 | 7 | 8 | 9 | 10 |

7. 教练是否能主动了解您训练中的困难，并给您以帮助。

| 1 | 2 | 3 | 4 | 5 | 6 | 7 | 8 | 9 | 10 |

8. 教练的项目操作技能是否娴熟并给您以安全感。

| 1 | 2 | 3 | 4 | 5 | 6 | 7 | 8 | 9 | 10 |

9. 教练是否待人热情诚恳，举止得体。

| 1 | 2 | 3 | 4 | 5 | 6 | 7 | 8 | 9 | 10 |

10. 您对本队教练的总体感觉和评价。

| 1 | 2 | 3 | 4 | 5 | 6 | 7 | 8 | 9 | 10 |

请留下您对教练的宝贵意见和建议：

谢谢您提供的宝贵意见，"拓展"愿成为您永远的朋友！

这个评估表一共有10个问题，每个问题有10分的评价幅度。学员们看到这些问题后，再回想培训师在培训过程中是否做过这些事，然后根据表现程度做出评价。1分是最低分，也就是学员感觉培训师在培训过程中根本就没有做这个事；10分是最高分，表示学员对培训师做过的这个事非常满意。当时在培训部，我们培训师的得分基本上是90~100分，低于90分的不多，得到100分也是比较罕见的，在离开北京之前，我也就仅仅得过一次满分。

从这个时候开始，人众人公司实行了旨在监督和促进培训师自我学习和自我激励的培训效果评估制度。

当时尽管也有一些培训师对这个评估制度有意见和抵触，尤其是一些没有时间钻研或是根本没有兴趣钻研业务的培训师，比如，大家对一次培训后所得到的某一项评估分较低能不能代表培训师的真实水平有疑问，但是大家心里也明白，这个制度对公司有益，对事业有益，很快也就欣然接受了。

这个制度实行到现在，它带来的好处有力地说明它的推行是必要的。如果没有这个制度，培训就是不完整的。

如果我们把一次培训从培训需求调查、设计培训方案、培训实施到培训效果评估看成是一个首尾相连的环状的话，缺少了培训效果评估，就缺失了一个环节，从现代培训的经典理论看是不完整的。加上这个评估的制度后，现代体验培训的流程和结构就通畅了、完整了。这是甄老师的贡献。如图4-1所示。

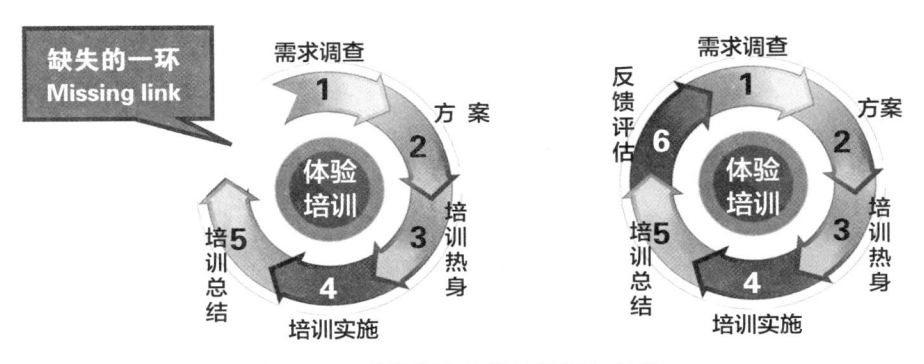

图4-1 现代体验培训的流程与结构

这个制度的实施，从学员的角度来评价每位培训师在培训过程中的表现，可以让培训师发现自己的长处和不足，避免当局者迷，也可以使培训的管理者对培训师的工作表现心中有数，作为评价一个培训师的培训水平或是调整培训师工资福利的依据；同时，这也是一个竞争的机制，培训师之间相互激励，都争取做到最好。事实上就是用学员的评价监督培训师的工作表现，这比培训部的管理者管理培训师要有效得多。

从心理学上讲，人都是有自尊的，当几个培训师一起做培训时，假如只有你的评估分最低，虽然有各种各样的理由或是偶然性，但总是说明你在某个地方没有做好，差一些的评价也会给他很大的压力。当然最重要的就是，通过学员的监督，避免培训师在培训过程中的随心所欲以及缺少责任心。

1999年在上海，有一个兼职的培训师，他也是人众人公司较早的一个兼职培训师。一次培训完成之后，培训部发现有很多学员给他的评估都是1分，那么如果是某些学员因为粗心把顺序看反了，倒也可以解释得通，这种情况也时有发生，但是几个学员给他的评分都是1分，就有点奇怪了。这个情况引起了上海培训部的高度重视，他们立刻给客户打电话了解情况，客户反馈的消息是："我们的学员给他的评分就是1分，因为他在回顾的时候给学员讲'黄段子'。即使你们做的是娱乐休闲项目，作为幽默搞笑的主持人，也不能说是称职的，更何况你们是做管理培训的。那么在这样的场合讲'黄段子'就更不适合了，作为培训师他就太不称职了，所以给他的评分就是1分。"掌握了这个情况后，上海学校做出了决定，从今以后不再使用这个兼职培训师。

如果没有实行这个评估制度，那么培训师在回顾中讲"黄段子"的事就不会有人知道，拓展训练的品牌建设就缺少了一道防线。建立了这个防线之后，就在很大程度上把可能损毁拓展训练大厦的各种"自然灾害"屏蔽了。

尽管评估制度的建立，完善了现代体验培训的整个流程，但是反馈评估这个环节依然薄弱，特别是在观察培训师教学水平这个目的上，只能看到冰山一角。

这是因为一个队十几个学员只是跟随一个培训师并服从他的指导，只要这个队没有发生特别严重的安全问题，或是与学员有直接的冲突，学员都会感觉很好的，也会对培训师的辛勤劳动心怀感激，这就是体验式培训的魅力。但是，如果学员有机会跟随不同的培训师，听不同的培训师指导和点评的话，就可以做出更为准确客观的判断，给培训师一个恰当的评价。所以，不能以一次得分的高低来评价培训师的教学水平，但是，如果把全年每一次的评估分加权平均之后，基本上就能比较出优劣了。我后来在一家号称"服务周到、专注细节"的户外体验式培训公司看过他们的做法，就是把每个培训师的每一次培训效果评估分做成表格张贴出来，这样就非常直观地看出某个培训师的教学效果了，如表4-2所示。

表4-2　某户外体验式培训公司培训师教学工作评估表

日期	参训单位	天数（天）	安全事故	学员评估分数（分）	
				赵××	钱××
2000.6.7	微软销售部	2	无	4.86	4.93
2000.6.15	联想电脑	1	无	4.56	4.65
2000.6.19	摩托罗拉	2	无	4.7	4.86
2000.6.25	北大EMBA	1.5	无	4.33	4.69
2000.7.8	创世维公司	2	无	4.88	4.83
总分				23.33	23.96

即使是这样也不能就说钱××的教学水平比赵××强，因为影响学员打分的因素太多了。比如，在正常情况下，当一个学员是心胸坦荡的管理者，他对培训师的期待可能是有激情，耐心，敬业，理论水平比自己高，语言表达流畅，关心关爱，懂得激励，等等；如果不是这样的学员，他可能会期待，比如，培训师的形象要好，不能太严厉，不要讲得太多，多做项目，等等。这些还算是正常的，但如果碰上某些学员心理上有问题，你就不要指望自己会有高评分了。

拓/展/训/练/简/史

有一次平安保险的一个研究发展中心几十个人在龙门基地来培训，这些人都是保险公司在各地的精英。当时这个保险公司已经成立十年，这个十年应该说是成功的十年，创立了一个知名的品牌，有了一个遍及全国的销售网络，实现了很高的销售利润，但是，今后的路应该怎么走，决策层心里没有数，所以企业把骨干员工组织在一起，希望能够探讨出一个明确的前进方向。为了鼓励他们的创新思维，于是组织他们来到北京拓展训练学校做为期三天的拓展训练。

当时，有一个队做"天梯"，这是一个双人合作的项目，学员每两个人一组要相互支撑着爬上一个巨大的"梯子"（见图4-2）。这个梯子一共由6根圆木梯状组成，圆木之间的间隔很大，而且每一根圆木之间的间隔不一样。从下面第一根算起，每一根的间隔相差10厘米，如第一根与第二根之间的距离是1.2米，第二根与第三根之间的距离是1.3米，以此类推。大家可以想象，爬上这样一个间隔越来越大的巨大的梯子不是每一个学员都能轻易完成的，但是，如果有充足的时间，有决不放弃的意志，而且两个人能够团结协作，就一定可以完成项目。但恰巧那一天，这个队的学员没有充裕的时间，因为按培训的安排，在午餐的时候所有学员在一起举行唱歌比赛，所以培训师要求大家必须在规定的时间内完成这个项目，他给了后面的几组学员每组8分钟的时间。8分钟的时间，对于身体强健的年轻小伙儿来说，只要方法得当，他们爬上顶端应该很轻松。作为一名专职培训师，我在近50岁的时候和另外一个肌肉发达的培训师用了不到1分钟的时间就爬上了天梯的最顶端，当然，我们都

图4-2 拓展训练队员爬"天梯"

88

第四章 完善产品——培训品质

是喜欢运动的人，但是对于平时很少运动的人来说，或者你同时具备了两个条件——体重在85公斤以上，年龄超过38岁，就是"蜀道之难"了。因此一般健康的人均有可能爬上天梯。但是，后面的几组学员没有充裕的时间了，无论他们爬到什么高度，到了8分钟，培训师就会命令他们下来。有一组学员，其中有一位博士，他和他的合作者爬了8分钟，费了九牛二虎之力只爬到了第三根圆木之上，被培训师勒令放了下来。当时博士一脸郁闷，但并没有说什么，只是坐在地上喘气，就在项目即将结束的时候，博士的气也喘得均匀了，突然"扬眉剑出鞘"，伸手直指培训师的面门，横眉立目地厉声喝问："你为什么不让我们爬上去？你有什么权力让我下来？告诉你，我这一辈子还没有一件让别人摆布的事儿，你小心点儿，我会投诉你的。"我们的培训师是一个老实人，面对着博士愤怒的眼光和指在他面前的手指，目瞪口呆。

碰上这样的学员，你还指望他会给你高分吗？

此外，你这一次没有出问题不等于你永远不会出问题，你这次得了高分不等于说你下次还会是高分，因为学员变了，客户的需求变了，教学的条件和环境变了，以不变应万变的培训师是不可能得高分的。但是，在这样一个竞争的环境里，哪个培训师不在意学员的评价呢？如果通过正常的教学过程得不到学员的高评价，那可不可以有别的办法呢？

"道高一尺，魔高一丈"，学员满意率评估对培训师真正产生了威慑作用，这时有些头脑灵光的培训师就开始另辟蹊径，既然不能从教学的深度上让学员满意，干嘛不试试其他的办法呢？于是，有些培训师想到了用取悦学员来换取高分的办法。比如，明明学员没有完成项目，培训师为了满足学员的成功欲，就"放水"说完成了，学员就会很高兴。在培训即将结束的时候，我们会有一个小组总结，通常是培训师带着这一队的学员坐在一起，每个学员发表自己在此次拓展训练中的感触，最后，培训师和大家分享自己的看法，往往在这个时候，就是某些培训师取悦学员的最好时机，他们可能会对学员说类似的话：

"你们这个队，是我带过的最优秀的一个队，我从来没有见过这样出色的队。"

"你看咱们这个队，男孩儿都是帅哥儿，女孩儿都是靓妹，特别有活力、有激情，真喜欢和你们在一起。"

"我发现，咱们这个队特别有团队合作精神，相互帮助，相互配合，在所有的队中，你们每一个项目都是做得最好的，真是太棒了。"

"队长，我早就看出来你天生就是做领导的材料，没有你咱们这个队就完不成任务。"

如果我是学员，我的心里也一定像吃了蜜一样甜滋滋的，那么，也给培训师一点鼓励吧。

当然也有培训师在学员精神振奋的时候，承诺请大家吃饭。

另外，就这个评估表的内容来说，也存在一些问题，某些条目当时没有考虑细致，比如，其中有一条："教练身上是否体现出了'积极进取与团队合作'这一拓展训练的主题精神？"带队的培训师只有一名，学员该如何评价呢？还有一条："教练是否待人热情诚恳、举止得体？"如果这个教练恰恰是个性格内向、严肃较真的人，脸部肌肉比较僵硬，但在教学的其他方面表现优异，那么在这一条上就可能丢分，这对于他来说有点欠公平了。

因此，评估制度有待进一步健全。要准确地评估培训师的教学水平，目前我们使用的评估表还必须升级。2002年，来自惠普公司的文校长在管理北京拓展训练学校的时候，人众人公司对这个评估表进行了第一次修改，如表4-3所示。

这个新版的评估表有两个显著的变化：第一是评估的幅度由宽变窄，从1~10分改为1~5分，因此对培训师的要求更高了。第二是把培训师在教学中的表现与其他影响学员心情的服务因素做了区分，比如，拓展训练学校的客户经理对客户在课程和服务方面做出的承诺是否一致？学员对在训练场所的食宿等生活方面的服务是否满意？学员对于拓展训练这种学习方式和学习效果如何评价？

表4-3 拓展训练学员反馈评估表

课程名称	沟通、团队训练课程		参训单位	高超管理部		
培训地点		日期		培训师		

项目＼指标	很不同意	不同意	一般	同意	非常同意
我花时间/精力参加这次培训值得	1	2	3	4	5
我将会把这次培训体验推荐给我的同事/朋友	1	2	3	4	5
我在培训中获得的知识和感悟与我的工作、生活密切相关	1	2	3	4	5
在哪些方面？					
这次培训将有助于我今后工作绩效的进步提高	1	2	3	4	5
如何提高？					
培训师在训练组织工作中井然有序并能给你以安全感	1	2	3	4	5
培训师能启发你思考，并使团队成员分享训练体会	1	2	3	4	5
培训师能将课程内容与你工作/生活角色的要求相联系	1	2	3	4	5
培训师在教学过程中富有激情和亲和力	1	2	3	4	5
培训师能结合课程及项目与你分享相关的理论知识	1	2	3	4	5
培训师积极向上，全力推动和促进团队成熟成长	1	2	3	4	5
您对培训师有何具体评价？					
关于课程的日期、时间及地点的沟通准确无误	1	2	3	4	5
有关课前要求（着装、住宿等）的沟通清晰、明了	1	2	3	4	5
培训基地就餐卫生，餐厅服务人员态度良好，服务到位	1	2	3	4	5
房间卫生整洁，服务人员服务态度良好，服务及时、到位	1	2	3	4	5
您对培训基地及后勤服务工作有何其他评价？					
我非常愿意将所学的知识/理念运用到工作、生活中去	1	2	3	4	5
如何运用？					
我相信此次培训达到了在快乐和自然中学习的目的	1	2	3	4	5
总体而言，我认为此次培训举办得非常成功	1	2	3	4	5
您对北京拓展训练学校有何其他宝贵意见或建议？					

这一次的修改是一个不小的进步，但依然不够完善，再次升级也大有余地。我想这需要时间，因为只有体验式培训有了明确的课程体系和完整的教学大纲之后，才有可能做出一个可以较为准确地考察出一个户外体验式培训的培训师的教学水平的教学评估问卷。

第三节　拓展训练重在育人

恩格斯曾经说过："一个民族想要站在科学的最高峰，就一刻也不能没有理论思维。"对于人众人公司来说，能不能领跑一个行业也在于理论思维的深度。

人众人公司在企业规模发展、组织管理发展的同时，拓展训练的教学水平也在培训师们的努力下稳步地向前发展。推动这个发展的"手"有两只：一只是培训师们自我激励的手，另外一只是市场对产品要求的手。

那时候我们很多培训师都遇到过这样的场景，就是你在回顾的时候努力地给学员讲道理，正当你讲得神采飞扬的时候，突然被学员打断了，你满以为他会配合你几句，可他却说了一句："教练，我们下一个该玩什么（项目）了？"

那个时候我们把这个现象都归因于学员，认为这样的学员自负，不爱学习，对学习有抵触，但是后来经验积累得多了才明白，是我们培训师自身的问题。

1999年夏天，刘总经理写了一篇文章，贴在办公室的墙上，这是一篇让我们培训师无论谁看了都会汗颜的文章，题目是《联想人批评拓展人》。事情是我们的培训师给联想做了一次培训，遭到联想的投诉。这一次的培训从服务到训练整个过程有很多疏漏。在给培训部开会的时候，刘总经理真的生气了，他阴沉着脸，当有人想解释这个事的时候，被他严厉地打断了："不要找借口，出了这样的事你就自己找个没人的地方反省去！"这句话是他的口头语，无论什么人，包括他自己，如果在工作上出了问题，犯了错误，他就这样说："找个没人的地方反省去。"实际上，他是在传达一种面对失误和过错的态度，就是当问题出现后，不要强调客观，不要怨天尤人，不要推卸责任，因为"最大的敌人是自己"，只有敢于承担责任，发现自己的问题，才有可能在以后的工作中避免失误。

这件事给了我们培训部的人很大的震动，但是说句心里话，我们的培训师们没有一天不想提升自己的培训质量和教学效果，可就是不知道应该做出怎样的努力。拓展训练刚刚做起来，是一个崭新的行业，并且没有任何经验可以借鉴。当时的培训部加上我共有8名专职培训师，除了我在原单位讲过一些培训课之外，其他的人基本上没有教学经验，也没有在企业工作过，还有从大学毕业直接进入到公司的年轻人。针对这个现实的情况，我们培训部也想了一些办法，比如说看书读报。书也读了，报也看了，可起的作用并不大。我们当时最大的难题就是满足客户需求，我们的客户绝大多数来自企业，经过拓展训练，他们希望培训师能够从做项目的结果出发，结合企业经营管理的实际情况讲一些对他们有用的知识和经验，也就是说，你不能去照搬书本，必须要结合项目来讲课。比如，培训师指导一个学员做"断桥"这个项目（见图4-3），我们看一下这个过程：

这个学员走上断桥的时候，心里特别紧张，两条腿微微有点儿发抖，你鼓励他"勇敢些，你能行！"他的心理压力减轻了，自信心在逐渐增强，站在断桥边沿犹豫了十几分钟，说了七八句"我不行"之后，终于跨过了断桥。在回到你身边的时候，你发现他依然惊魂未定，你一边给他换安全绳，一边表扬

图4-3 拓展训练高空挑战项目：断桥（王山杉作品）

93

和安慰他，他很感激地对你说了一句"谢谢教练！"之后就爬下了断桥。

那么，接下来是培训师带领学员分享和点评的时间，针对他跨过断桥这个简单的过程，你对他讲些什么呢？是讲迈克·波特的波士顿矩阵、赫茨伯格的双因素理论，还是杰·亨利的沟通窗口？这些都是管理学上著名的管理理论，但与学员跨过断桥没有任何关系，即使你"钟情"于这些理论，循循善诱，可以把枯燥的理论讲得娓娓动听，他也不会有兴趣的。

为什么？因为需求不同。马斯洛曾经解释过。

事实上，学员在断桥上从担心、恐惧到鼓足勇气跨过断桥，是他对自己心理障碍的突破，应当针对这个给学员深刻触动的心理过程展开分析和讨论，讲一讲企业员工为什么应该突破心理障碍，怎样做才可以有效地突破自己的心理障碍，并用企业中真实的案例来证实自己的观点正确。

但是我们当时都缺少这个能力，不知道应该怎样讲清楚这个道理，也不知道用什么样的案例来支持所讲的观点，因此非常渴望有人能帮助我们，特别是那些熟悉和了解企业，同时也精通教学培训的专家。

终于有一天，刘总经理对我说，他请了中国人民大学劳动人事学院的一位许教授来帮助我们。他说："这位教授很了解企业，他经常以企业管理咨询顾问的身份给企业做咨询和诊断，培训企业的管理者和员工，过两天他会带着他的几个研究生来我们训练基地，你们培训部的任务就是带领他们了解拓展训练，了解得越多、越深越好，等他对项目了解和熟悉之后再一起开个座谈会，把你们遇到的问题、你们的困惑讲给他们听。他们回去后，会整理研究，把这些项目对参训企业的实际作用，考虑如何从企业发展的角度提出他们的分享内容，配以经典案例，做成完整的项目手册，解决目前很多教练不能深入讲授的难题。"听到这个消息，我真是打心眼里高兴，这位教授研究的领域恰好是企业管理，是企业经营管理专家，这样的专家一定会给我们真正的帮助，也一定会解决我们面临的难题的。

很快教授的团队来到了启用不久的青龙湖基地，我们带着他们把经常做的8个项目都让他们做了一遍，这8个项目是背摔、断桥、空中单杠、电网、

第四章 完善产品——培训品质

罐头鞋、盲人方阵、雷阵和求生。在回顾的时候,我们把能说到的内容全部讲给他们听,目的是让他们知道我们的不足。他们带着这些问题离开了训练场地,我们也陷入了焦急的期待之中。

有一天,我从基地回到办公室,刘总经理兴奋地对我说:"教授已经把做好的项目方案送来了,看着还不错,你看看,回去让大家好好学习学习,但是你一定要做到保密,这可是咱们人众人公司最宝贵的财富。"说完他掏出钥匙,走到他的"文件箱"前。这个"文件箱"其实是一个暗红色油漆斑驳的破旧木箱,刘总经理用它来保存一些重要文件,它就放在墙角的一个铁柜上(见图4-4)。那个时候,人众人公司的办公室只有两间20多平方米的房间,因为资源有限,他把所有方便都调配给做业务的员工,自己把一个搬家时使用过的破箱子收拾了一下,作为他的文件柜。我第一次看到他用这个东西时,就觉得奇怪,一个老板,有这个必要吗?我问他,但他不以为意:"没关系,先紧着他们用。"从我们进驻这个办公室直到乔迁现代城新办公室的三年多的时间里,他一直用着这个"文件箱"。他把这个箱子的盖子掀开,从里面掏出8本浅蓝色硬纸包装的项目书,横向装订,就像手机的说明书,每一本都有一厘米多厚。简单翻阅了一下,虽不精美,但感觉版面编排得很专业。随后刘总经理把这一摞项目手册交到我的手里,那时我觉得这些项目书真的好沉,书重,心里也沉重,责任更重。

图4-4 刘总经理的"文件箱"

我跑回基地,已是夜幕降临,没有培训的时候,基地非常安静。晚饭后的第一件事就是学习这些项目书,可以想象我当时的心情吗?就像孩子得到一大盒包装精美的生日礼物,还是你最喜欢、向往已久的礼物,急切地想打开看一下,里面究竟写了什么。坐在书桌旁,心生虔诚,可当我激动地打开这些项目书时,却是越看越失望,越看心里越凉,因为里面的内容没有一点是我希望看到的,几乎所有的文字都是研究生们当时记录的笔记,也就是说，他们在那几天的拓展训练里，把拓展训练的过程和培训师们在带领学员做项目时的每一句话都做了记录，然后，回去整理了一下，装订成册就给我们了。如果仅仅是做这些工作，我们自己也可以做，街头那些复印装订的小店铺也可以帮我们做，何必劳烦中国人民大学的教授和研究生呢？事实上，我们想要的是新的东西，比如，通过对拓展训练的体验和实践，以及做项目的感触，从教授的研究角度出发，提出他们认为企业更需要的，完全不同于我们的一些观点、要点，并且能够提供一些生动鲜活的企业案例来支持这些观点。简单的记录、整理，没有我们热烈期待的创造和升华，这根本不是我们想要的东西。此时，刚翻开项目手册时的那种"雪夜闭门读新书"的内心激动，突然变成了"春日街头阅小报"的无聊。

当我把这个情况反馈给刘总经理时，他起初根本不相信，但是在翻看了这些项目手册后，他的脸色变得凝重了，好长时间没说一句话。

天下没有白吃的午餐，我想他一定支付过报酬了。

历史的经验告诉我们，很多事情在发生的时候都不能轻易地断言它的对与错，积极与消极，只有在经历了时间的考验之后，才可能做出正确的判断，所以"塞翁失马，焉之非福"。

这几本项目书不知道刘总经理今天是不是还保存着，尽管当时这几本项目书令我们失望，但它却真实地记录和见证了拓展训练在那一个发展阶段的培训水平。

今天，当我回想起这段往事的时候，感觉那8本令人失望的项目书的出现是历史的必然，因为，拓展训练这样一种培训的形式在中国完全是新生事物，即使是教授这样一个既懂教学又懂企业的专家，如果没有在这个行业里摸爬滚打上几年，他也不可能满足我们当时的需求，因为他不懂拓展训练这个专业。后来，有一个朋友，恰好也是那位教授的朋友，他对我说："许教授说了，他真的干不了你们那个事儿。"

但是，这件事让我们再次感受了"全世界无产者的战歌"所阐述的道理："从来没有救世主，要创造人类的幸福全靠我们自己。"改几个字：

"从来没有救世主，要创造拓展训练的高品质，全靠我们自己。"

从那时起，人众人公司培训部勤奋学习的气氛越来越浓了，无论是专职还兼职的培训师，大家都以获得满意的培训效果为荣。大家抓紧时间认真地学习，从各种各样的书籍资料里找到能够恰当用在回顾中的案例、小故事、小游戏，以增强自己的培训效果。

培训部也给大家创造各种学习的条件，比如，购买企业管理方面的书籍供大家学习，订阅管理期刊和报纸供大家借阅，经常组织有关培训分享回顾的讨论会、座谈会，创造各种让培训师能够相互分享训练体会的场合，目的是相互学习、共同提高。

特别是在1999—2002年的这几年，拓展训练作为成人培训的一种形式，它的内涵越来越丰富，培训质量不断提高，可以说拓展训练对于参训学员来说，已经发生了"从项目的震撼到震撼的内涵"两者间非常明显的转变。

拿我自己来说，尽管在来人众人公司之前就开始讲课做培训，但是拓展训练与我们那种室内课的培训大有不同，因为这是全新的培训形式。

第四节　如何做出令学员满意的分享

事实上，我本人后来能够在每一次的拓展训练中都获得良好的培训效果（学员对我的评估从没有低于90分），都是因为在项目完成之后有充分、深入并契合学员实际情况的分享。

那么怎样才能做出一个高水平的分享和回顾呢？我有些经验和方法可以和大家分享。为了能够获得较高的学员满意度，我在这个方面做了大量的探索，积累了有效的经验和方法，希望进入培训行业中的年轻人能有些借鉴，在完善产品的道路上少走些弯路。

第一个方法：把讲授当成送礼物。

这是从认知上调整的方法。很多刚入行的培训师面对学员的时候心理

拓/展/训/练/简/史

很紧张，有各种担心，比如，讲得不好怎么办，学员嘲笑我怎么办，学员不听讲怎么办，甚至讲砸了学员投诉我怎么办。这些担心带来的后果就是恶性循环。因为你的担心越多，你就越紧张；你越紧张，你就越讲不好。这都是认知的错误造成的，因为你认为讲授这件事就是"影响"和"教导"学员。一旦这样认为，你和学员的地位就不同了，你高高在上，学员成了需要被影响和教导的人，那作为学员，又有几个是来被影响和教导的呢？如果你把讲授想象成给学员送礼物，你们的关系就是平等的，因为朋友之间常常互送礼物，以示亲近。当然，也有人不一定需要你的礼物，但是，送不送是你的事，收不收是他们的事。

其实，这种担心在我刚做培训师的时候也有的，但是，后来经历了像前面讲过的"残疾女孩儿攀岩"的事儿，经历多了我就在想，拓展训练时我讲给学员们的知识、技能以及一些道理，都是为了帮助学员们成长，使他们在日后的工作生活中越来越好，带给他们的是好处，这不就是送礼物给他们吗？既然是送礼物给学员，那我有什么好紧张的呢？所以，每次项目完成开始讲授的时候，我心里都会对自己说："是时候要送礼物给他们了。"每当想到"送礼"的时候，我的心里只有愉悦，没有紧张。因此，当你（菜鸟培训师）面对学员的时候，你也抱着给学员们送礼物的心态，你的紧张心情就会缓和多了。中国有句古话"不打送礼的"，在培训中，你送"礼物"给学员，他们为什么要难为你、抵制你、嘲笑你呢？

第二个方法：送礼就要送"重礼"。

前面讲的是用合理的认知来对待讲授（教育他人），接下来说的是态度问题，就是送什么"礼"的问题。

是礼物就有轻重，日常生活中，人们在送礼的时候往往会区别人物对象、场景事件，并根据自己的实力选择所送礼物。不同的礼物，不同的意义，同学生日时送个贺卡，讲的是礼轻情谊重，而唐太宗为报少林寺当年救命之恩，送的是包括"允许少林寺和尚喝酒吃肉"在内的5个重重的大礼。

培训师在给学员送"礼"的时候，应该选择什么分量的礼物呢？我的心得是"送礼就要送重礼"。当你讲授的时候，学员们个个聚精会神，眼睛眨也不眨地盯着你看的时候，这份"礼物"的分量够了，因为很明显他们被你所讲的东西吸引了；如果他们之中有人开始东张西望，开始活动身体了，并问一些与你所讲的内容没有任何关系的问题时，那你的"礼物"就轻了，因为有些学员已经感觉到你讲授的内容对他们没有任何用处，他们希望中止和结束。成人学习更注重学以致用，如果你讲的东西分量不够重，让他们感觉没有任何用处，他们必然要"闪"人。他们懂得如何计算"时间成本"，时间是人生最宝贵且无法再生的资源，把自己宝贵的时间放在听"废话"上，没有人会愿意的。因此，你要讲就要讲精彩，就要直指人心，戳到他们的心窝儿里。有一种对培训效果和培训作用的解释叫"解痒原理"，就是说，假如一个人的后背被蚊子咬了一口，他自己的手又无法接触到被咬的位置，他会痒得很难受，这时有人过来在这个位置挠一会儿的话，他痒痒的感觉就缓解了，如果有人在这个位置上涂上一层肥皂的话，因为蚊子稀释血液的稀释剂是酸性的，肥皂是碱性的，二者一中和，就彻底解痒了，痒的痛苦瞬间消失了，他就非常开心了。如果我们把学员在生活和工作中的困惑也看成是一种让他们难受和痛苦的"痒"，而他们又不知道如何解决时，培训师能准确地告诉他们困惑产生的原因和解决困惑行之有效的办法，他们就会有拨云见日和豁然开朗的感觉，就会同样地开心和愉快。

第三个方法：如何打造你的"重礼"。

有三个技巧，首先还是要从"解痒原理"出发，即准确定位这家企业或是HR的培训需求，这是打造"重礼"的前提条件。如果培训需求把握不准，即使你头悬梁、锥刺骨弄出的教案，也全都是无效的，因为你无法为企业解"痒"。培训师们必须要警觉的是，一定要在培训前准确定位培训需求，特别是来自企业的培训需求。企业的培训需求有两种：一种是企业老板的需求，另一种是员工的需求。老板的需求通常是通过培训机构对员工的训练，使员工们成为他想要的员工的样子；而员工参与这次培训又带有明显的个人色彩，或想通过培训增强体能或为了开心快乐。这对培训师来说，可真是个挑战。因为你要想满足老板的需求，就有可能得罪员工，员工对这次培训评价很低，又说明培训效果很差；如果让员工满意了，而没有达到老板的目的，老板也会不满意，所以注定不会有理想的培训效果。

我曾经有个惨痛的教训。一家福建的培训公司参加了我举办的一次沙盘课程的培训班，之后就把其中的两个沙盘课推荐给了他们自己的老客户，因为他们自己实在没有新的课程和项目拿出给客户了。客户一看这两个沙盘课程的名字就感觉很新鲜，这是他们从未体验过的，加上这家培训公司的销售到位，客户立刻采用了，但是培训公司自己又讲不了，就请我去讲。这次培训为期两天，第一天结束的时候，我心情很好，因为学员们很投入，大家开心快乐的同时，也有很多的感受和启发，感觉做得还不错，可在回酒店的路上，同去的培训机构的人对我说："李老师，不好意思，客户要改培训方案。"他告诉我，今天培训时，客户的工作人员一直用视频向他们的领导"现场直播"培训的过程，领导看了之后很不高兴，要求他们立刻改变培训形式，要做"魔鬼训练"（也就是体能强度特别大的一种训练形式），要让这些员工吃点苦、受点罪，而且要狠、要严酷，让我第二天在宾馆休息。这让我感觉意外，但很快就明白了，很明显客户想要的不是以转变员工思想观念和工作态度为目的的情景模拟的沙盘课，他们的需求是整顿员工，要在体能上狠狠地"折磨"他们，从而达到这个"领导"的个人目的；而福建这家机构只想取悦客户，拿下订单，根本不知道客户真正的需求是什么，才会有了这样的结果。

所以，培训师要想给学员送厚"礼"，就一定要具备一种能力，就是同时满足老板和员工两方面需求的能力。做到这一点并不难，完全是培训技巧的问题，如果学会了把老板"凶悍"的需求翻译成员工可接受话语的技巧，就可以做到既满足了老板的需求，也满足了员工的需求，从而获得良好的培训效果。

第二个技巧就是要精心打造培训教案，也就是根据培训需求把一个观点讲出高度。如何讲出高度呢？其一是精选最新信息，也就是信息量要足够大，从中选出前沿信息；其二是故事性，也就是把概念、观点或是理论改编成故事。满足了这两点，就有高度了。

第三个技巧是学会"演"。如果你学过一些演讲的技巧，那一定知道，"讲"一定要通过"演"才能产生好的效果。我们常常听到人们在评价演员时，说他们的演技如何，好的演员一定是演技好。一个好的培训师同样也是要看"演技"的，因此当你在讲课时能够运用丰富的表情以表现不同的话题，同时表情与语速、语调、语气、手势等默契配合，创造出最理想的"演"的效果，就会是一次完美的项目分享了。

这三个技巧是经验的总结，但都是在原则的层面，要想了解具体实施的步骤和案例，请参看我的另一本书《做最好的拓展培训师》。

当年人众人公司内部刊物《拓展》上经常刊登培训师做分享回顾时一些心得体会的文章和图片（见图4-5），几十位专、兼职的培训师发表过他们分享某个项目的感悟和建设性意见，比如用到的精彩案例、哲理故事、管理理论等，这些都反映出当时大家对体验式培训的研究热情，以及把分享讲授做深做透的追求。

图4-5 项目完成后笔者和学员做分享、点评

第五章
完善产品——训练安全

完 / 善 / 产 / 品 /——/ 训 / 练 / 安 / 全

第五章 完善产品——训练安全

✂ 第一节 初期，我们不懂安全

前文说过，拓展训练是舶来品，中组部培训中心公职人员最初在香港外展训练这个机构见到并体验过这个产品，而后模仿并开始经营这个业务，因此是十足的"山寨"产品，是仿制品。"当学员"做这个训练与"让学员"做这个训练是天差地别的，因为我们当时看到的都只是表面现象，但是人家为什么会这样做，没有人知道。

其实，不是不想知道，而是缺少资金，当时也没有觉得特别需要买下这个产品，因此就自己摸索着干吧。

我在开始跟着王山杉学习拓展训练的技术时，只是了解了高空项目的几种器械的使用方法以及一些绳结的简单打法，没有任何其他有关安全的制度和规定，因此，我们经历了拓展训练害人害己的初创阶段。

拓展训练最早的高空挑战项目之一是空中单杠，这个项目要求学员在系好安全带之后，在两条安全绳索的保护下，从地面的一根铁管的最下边爬到7米高的顶端，站在一个小圆盘上，在学员前上方1.5米的距离处，从上面吊下一根横着的铁管，要求学员全力跳出去抓住这个铁管（见图5-1）。当时，只是学了一些到上面去挂绳子的技术，但是如何摘器械没有人告诉你应该怎样，或是按规定你应该怎样去操作，当时的兼职培训师就按照自己的想法去操作了。一次培训完成，一个在大学当体育老师的兼职培训师说，单杠的绳子没有摘下来呢？我说"那我去摘吧？"他问"你摘过吗？"我说"没有"，我问他"应该怎样？"他说："就是爬到上面去，然后，怎样挂的就怎样摘喽，我就是这样摘的。"听他这样一说，我感觉这件事也没有多复杂，我说了一声"好吧"就去摘了。这个时候整个场地上已经空无一人，中午的阳光晒在身上有点热，我把外衣脱掉，穿着圆领衫就爬上铁柱。从下面沿铁柱子一直爬到第一根横梁上，这时距离地面已经有9~10米了，脚踩下面的横梁，双手抱紧上面的横梁，小心谨慎地向中间一点点地挪过去。到了中间把绳子扔到地上，然后把四把铁锁逐个打开，把两根"扁带"松开，连同铁锁一起挂在自己的脖子上，再从横梁中间一点点地挪回来。到了立柱这边，再从顶上慢慢爬下来。当我把器械都扛回到库房，那个老师见到我后，问道："没事吧？"我心想，要是有事还能站到你面前吗？

图5-1 "空中单杠"项目

就这样一件危险的事，当时真觉得没有什么，甚至一点害怕的感觉都没有，但是现在，每当我想起这件事，背上就开始冒冷汗，不敢往下多想。因为这纯粹是拿生命当儿戏，当时哪怕有任何一点意外发生都会从上面摔下来，从而导致难以想象的后果，哪里还能有今天悠闲地坐在家里写书的场景？

这就是当初的安全状况，当时我们对自己的安全都不重视，更不要提重视学员的安全了。当然，必须说明的是，这个不重视绝不是忽视，而是说当时对学员训练安全的重视只是思想上的，是停留在嘴上的，因为谁都知道安全重要，不能出事故，可是没有人知道怎样做，怎样实施这些危险的项目才能不出安全事故。

所以，拓展训练最初的几年里出了很多的安全事故。

"背摔"是拓展训练最早的项目之一，当年我们在中组部培训中心就做这个项目。在北京拓展训练学校做背摔这个项目时，根本没有现在这样的背摔台（见图5-2），只是在路边的矮墙上实施项目。有一次我们的一个培训师在给学员做这个项目时，一位学员在倒下的刹那间突然感到了巨大的恐惧，于是一把抓住了这个培训师。由于事出突然，培训师没有防备，两个人便从矮墙上一起倒下来。两个人的重量，加上他们倒下的方向不在多数人的一边，两个人都重重地摔在地上。

图5-2　中国拓展训练第一个背摔台

另外有一次，一个河北的公司到拓展训练学校来做拓展训练，因为公司小，一共才十几个人，他们平时关系都很好，组织气氛很融洽，相互间也经常开一些善意的玩笑，很热闹。在做背摔时，其中一个女孩儿做得非常标准，直直地从上面倒下来，当大家把她稳稳接住之后，并没有按要求把她放在地面站稳，而是在一个30多岁、看上去很活跃的一个小伙儿的带领下，齐喊着"一、二、三"把她抛向空中，可是当大家再想接住她的时候已经没有可能了，因为大家在向上用力的时候队形已经散了。这位可怜的女孩儿几乎是直接掉在了地上，她的头撞在地上发出很大的响声，送到医院被诊断为轻度脑震荡。

拓/展/训/练/简/史

"求生"也是一个很有挑战的团队项目,在香港地区"外展"这个项目也叫"毕业墙",这个项目要求一个队的队员在规定的时间内爬上一面高4米多的光滑墙壁,并且不能借助任何一种器械或物品。如图5-3所示。

这个项目有非常高的难度,尤其是最后一个人,一定要想出最好的方法才有可能上得去。当时有一个队,最后一个队员怎么也上不去,上面的队员拼命地拽住他的双手,可他自己却一点力气也使不出来,就这样上也上不去,下也

图5-3 中国第一个——求生墙

下不来,被吊在半空中。带队教练看到这个情景就让所有的人停下,然后让上面拽他的学员们松开手,因为他想,下面是厚达30厘米的海绵垫,这个学员的高度距离地面只有一米多,掉下来摔在海绵垫上不会有一点伤害。学员们犹豫了一下,还是遵从了教练的指令,于是大家一齐松手,这个人就掉下来了,可是人算不如天算,铺在地上的海绵垫是两块垫子拼在一起的,中间有一道缝,他的右脚恰好掉进了这条缝里,结果造成右脚踝骨粉碎性骨折。

我当时在北戴河给另外一个公司做培训,事故发生时不在现场。回来以后,听到处理事故的华嫪说,解决事故的过程异常艰难,因为这个受伤的学员是一个公司的老总,他公司的几个副总都来了,而且群情激奋,一定要讨个说法,把华嫪难为得不知如何是好。还有那位带队的教练,他去医院看望那位学员,在病房里,当那几位副总知道他是带队的教练之后,一个个横眉立目,对他横加斥责。他后来对我说:"我长这么大从来没有这样难堪过。"幸亏那位老总劝阻了他的下属。"我当时真是羞愧得无地自容,如果他们再说我几句的话,我就只能从病房的窗户跳出去了。"每提起这件事,这位教练都心情难以平复。

108

第五章 完善产品——训练安全

有时候，也真的要感谢客户的宽容。

几乎同样的事故再一次在北戴河发生了。这次受训的是邯郸一个信用社的全体员工，经理是一个非常能干的人，姓郑，在他接手这个信用社短短的几年里，凭着他的聪明才智和他果敢的性格，使信用社的效益翻了几番，但是，由于是国有企业，工资不能多发，奖金也有限，于是他给员工创造各种各样的福利和学习培训的机会，这一次是他把信用社所有员工分成三批，每批三天来北戴河做拓展训练。在做"求生"这个项目时，同样的事故发生了，伤者是一个20岁出头的小伙子，人们都叫他小杨，也是在攀爬的过程中实在上不去才掉了下来，也恰好右脚掉在海绵垫的缝隙里，当时一声惨叫就不能动了。我赶紧联系车辆，把他送到医院。当时医院在施工，车进不去，我就一路背着他走。他身子很重，我也不知道当时哪来的那么大力气，一口气把他背进医院。我从医院回来后，正是午餐时分，看到郑经理把他所有的员工召集在一起，正在讲话，我看到他神情庄重，严肃地对他的员工们说："要奋斗就会有牺牲，不要因为小杨的骨折就影响了大家的训练信心，我们信用社的员工都是无所畏惧的人，相信大家一定会做好后面的训练。"

小杨是一个让人钦佩的小伙子，第二天，他挂着双拐，拖着那条裹着厚厚石膏的伤腿，又出现在训练场上，他说想和队员们在一起，自己做不了项目了，但可以给队友们加油，真让人感动。我衷心祝愿他那条伤腿康复如初，不会影响他今后的生活。事隔多年，这件事仍记忆犹新。

这样类似的事故一桩桩，一件件，让人心痛不已。

罐头鞋项目：一块长3.5米、宽0.3米、厚0.05米的木板重重地砸在一个小学生的手指上，伤得非常严重。我把他送到医院去包扎，他的坚强出乎我的预料，整个过程中他有说有笑，即使是双氧水洒在血肉模糊的伤口上，也没有表现出多少痛苦状，还自称："男子汉，这点伤算什么！"可他还是个不足15岁的孩子，能有这样的忍耐力和承受力真是让人惊奇，当时我立刻相信关云长刮骨疗毒的故事不是美丽的神话传说了。

另一位女士从"罐头鞋"的铁桶上掉了下来，右膝的半月板摔成粉碎性

109

骨折。这是一个很离奇的事故，从物理学的角度讲，在那样一个高度和位置上，她怎么也不应该摔到半月板。遗憾的是，那个带队教练根本就没有看到她是怎样从油桶上掉下来的。

孤岛项目：一个学员被其他学员从高达40厘米的木盒上挤下来，倒在地上时他手掌先触地，结果造成掌骨骨裂。

断桥项目：一位女学员在跳向断桥的另一端的时候，一脚踏空，她的右腿撞在对面的木板上，在她体重的压力下，从小腿骨到大腿根部被划伤。在处理伤口的时候，我看到她的右腿从上到下都是青紫的，好在没有伤了骨头。

下降项目：一个女孩儿在半空中头发被卷进下降器里，上也上不去，下也下不来，吊在半空中足有20分钟后才被赶来急救的教练剪断头发，放到地面。

有些事故真是意想不到，但还是发生了。

这是摩托罗拉大学的一个企业家班。当时摩托罗拉在中国办合资企业已经很多年了，并取得了良好的业绩，于是他们拿出一部分资金回报社会，其中一个项目就是为中国的中、小企业的几千名企业家免费提供培训，因此他们需要找这样一家代表了培训领域发展潮流的培训机构。事实上，他们那时已经有了一个供应商的选择，就是一家叫作I WILL NOT COMPLAIN的外资户外活动公司，中文翻译过来叫作"我不再抱怨"。应该说，这家公司是在中国出现最早的户外活动公司，它的老板据说是从香港外展出来的，他们在河北省注册，在北京的金山岭长城脚下一个改造后的农家小院建立了一个培训基地。他们的客户定位是在北京工作的外国人，做的项目主要是沿古老的长城穿越，晚上就在长城的烽火台上支起帐篷、野餐。有时候也做一些简单的项目，比如背摔、电网、天梯等。偶然的机会，摩托罗拉大学得知还有我们这样一个培训机构，就把人众人公司作为了他们的又一个选择，并且组织了一个企业家班来我们这里做一次尝试性的拓展培训，目的也是通过这个班来考察一下人众人公司各方面的情况。

第五章 完善产品——训练安全

这次的培训从一开始就不顺利,光是做热身的老师就换了三个。第二天下午培训开始之前,主带教练带领学员们做肢体的准备活动,他先安排大家做一个小游戏,这个小游戏叫"贴人"。方式是让大家站成一个圆圈,有两个学员在中心,一个是追逐者,一个是被追逐者,游戏开始后,后者要跑开,前者要抓到他,但只要被追逐者站在了其他人的前面,他就安全了,他背后的那个人就成了新的被追逐者,如果追逐者触到了逃跑者的身体任何部位,那么两个人的角色互换。做这个小游戏的时候,大家非常投入,气氛也很好,就在这个时候,一个意想不到的事情发生了,一个学员在被追逐时,他看到追他的人快要追上了,就转身加速向训练架那个方向全力跑去,眼看就要到训练架了,这时他的脚正好踩在石子地面和水泥地面的接合部(见图5-4),因为突然发力,脚下的石子在水泥地面上打滑了,于是他几乎是直直地扑倒在地。他的面部没有得到丝毫的保护,就是连本能的反应也没有,面部正正地拍在地面上。他的眼镜摔碎了,破碎的镜片在他脸上划开了几个口子,血迹斑斑,嘴里全是鲜血,四颗牙当时就撞掉了。这个学员立即被送往

图5-4 北京拓展训练学校训练场地

拓 / 展 / 训 / 练 / 简 / 史

医院，那个教练在他摔倒的地上找到了那几颗牙，他走到我跟前，小心翼翼地捧着手掌心儿里那几颗血迹斑斑的牙齿问我："是不是可以再植回去？"我没有回答，可我心里想：这东西又不是韭菜。

结局可想而知了，公司赔偿了不少钱，而且摩托罗拉大学毫不犹豫地把这个项目交给了那几个老外开的"我不再抱怨"公司。

这些都是已经发生的比较典型的事故案例，还有一些严重的事故隐患，虽然没有造成严重的后果，可现在想起来也真是后怕。

有一对学员做"天梯"项目，他们已经爬到了第四根横木上，当时距地面的高度是5～6米，正在他们准备向最后的目标冲刺的时候，有人突然发现挂在其中一位学员身上的铁锁打开了，这就意味着他站在晃晃悠悠的高空中没有一点保护。我当时正在训练场地上巡视，听到一片惊呼声，我赶紧跑过去，看到学员正抱住第三根横木不知所措，而那个打开了的铁锁被保护绳吊着，正晃晃悠悠地在他身旁游荡，他想伸手把铁锁拽过来，被我们及时制止了，我们几个教练让他抱紧横木不要动。我赶紧系安全带准备上去救他，就在这时，另一个教练不听劝阻，从旁边的铁柱飞快地爬了上去，沿着第四根横木走过去，把铁锁重新给他挂好，这个教练也没有任何的安全保护措施，当他站在同样高度上的时候，他也面临着同样的危险。学员获救了，这个教练也安全地返回了，所有在场的人都松了一口气，总算没有人摔下来。

当时的情况真是万分危急，如果没人发现保护他的铁锁打开了，当他用力向上蹿跳的时候，那就只有一种结果，摔到地面上来；如果是个胆子很小的人，当他发现已失去保护，就会手脚发软，闹不好也会掉下来，至于后果，谁也无法预测。事后，我问那个教练为什么没有把铁锁锁好，可他回答说，他的确锁好了。

现在回想起来，我觉得当年发生了那么多安全事故的唯一原因就是——产品不完善。

前面说过拓展训练这种团队训练的方式基本上是从香港地区外展训练学来的，引进者只知其然，不知其所以然，就照猫画虎地去做了，虽然每一次培训前都会一遍遍地向教练们强调安全,但是,教练们怎么可能预见到每次培训时不同学员的不同行为呢?比如刚刚说到在操场上玩"贴人"游戏而发生的事故,谁能事先想到这两个学员能跑得那么远,被追者又正好踩在两种地面的结合部,这个学员还一点自我保护的本能都没有。如何把所有这些事故隐患都能预见到,对拓展训练来说,这是一个难题。

第二节 安全是"拓展"的生命

如果出了严重的安全事故,拓展训练这种成人学习的形式会被叫停,人众人公司会从此倒闭,因此说"安全是'拓展'的生命"毫不夸张。

事实上刘总经理是非常重视安全的,在他自己做校长的时候把每年的4月18号定为学校的"安全日",也就是"安全教育日"。确定这个日子为"安全日"是因为一起严重的人身伤害事故。

北京拓展训练学校刚刚成立的时候,有一些高空项目,比如断桥、空中单杠、天梯和缅甸桥等,利用大型器械和设施在高空中做培训这在中国是第一次。那么如何保护学员的安全,就成了一个非常重要的问题,可学校这几个人在这个领域里是"文盲",他们谁也不懂登山攀岩这类户外运动的安全保护技术。经朋友介绍,他们认识了当时国家登山队的队长——潘峰,这是个真正的专家,从事登山运动多年,曾经登上全球每个大洲第一高峰的专业运动员,于是聘请他作为北京拓展训练学校的安全顾问。

1996年4月18日的下午,"空中单杠"这个项目的设施刚刚安装完成,需要做测试。王途试跳,安全顾问来做项目的保护。连接在他们之间的是一条进口的登山绳,一头用铁锁挂在王途的安全带上,另一头通过安全顾问身上的安全带和下降器(也叫8字环)之后握在他的手中。接触过这个行业的人都知道,登山绳在下降器中绕过的时候,会形成很大的摩擦力,因此即使是80~100公斤的重物加上向下的冲坠力量——重力加速度,只要是保护者能够固定住自己的身体，或是自己有足够的重量，都可以很轻松地握住绳索，把重物吊在半空中。

当时训练场的空中单杠被设计成上方保护，也就是做项目的人和保护他的人都站在距离地面7米左右高度的跳台上，这是一个面积不足一平方米的水泥台。王途主动要求试跳，当他做好了一切准备之后，就全力勇猛地扑向在他正前方1.5米左右距离的一根单杠，但是，由于距离较远，他没有抓住单杠，于是向地面摔去。此时正在担任保护的潘峰并没有做好保护的准备（事后听在场的兼职培训师北师大的陈博士说，当时潘峰可能精力不济，因为当天中午他们一起整整打了一中午的篮球，所以这个时候他太疲劳了），绳子脱手而出（见图5-5）。王途是一个很健壮的东北汉子，体重足有180斤，当他没有抓住单杠，向地面摔下去的时候，挂在他身上的保护绳突然拉动，丝毫没有准备的潘峰被拽出了跳台。幸运的是，在潘峰的腰上还有一根长长的扁带拴在身后铸在水泥墙里的铁梯上，所以，他在被拽出跳台后，这根扁带形成了制动，王途不再下坠，吊在了半空。潘峰则被扯向半空，当扁带把他拽住之后，他的身体不能向前，因此在空中转了两圈以后，向旁边的水泥墙面上急速地甩去。他的头部首先撞在了坚硬、布满了岩点的水泥墙上，一声

图5-5　4·18事故现场示意图

沉闷的轰响之后，潘峰立刻昏迷了，躯体摇摇摆摆，软软地吊在半空，鲜血从他头部的伤口中滴滴答答，如细雨般地洒向地面……

经过抢救，他脱险了，幸无大碍。

事故发生后，刘总经理这个很细心的人，在事故现场的地面上捡拾了十几颗沾满潘峰鲜血的小石子，用一个小布口袋包好，精心地保存在他办公桌的抽屉里。我在加入拓展训练学校以后，他拿出这个有点脏，也有点旧，巴掌大小的布口袋，倒出那些小石子，我看到每一颗石子上都有斑斑点点暗红的痕迹，那都是潘峰的血啊！我想当时这些石子被捡起的时候，它的颜色必定是鲜红的，而红色是让人躁动和振奋的颜色，这个颜色也一定引起脑神经的警觉，让人们意识到"安全是拓展训练的生命"，没有安全也就没有拓展训练。

虽然思想认识到位了，可是对一个项目在训练时发生的每一个有碍安全的可能性能全部预见吗？

真的难以想象，比如，前面讲到的背摔的事故，你怎么能想到，这样一个精干的小伙子会在自己即将倒下的那一刻，突然吓得死死地揪住教练，这是生命的本能。

"电网"是个团队相互协作的项目，一次训练，你怎么也没想到，一个队员说："不用你们任何人帮忙。"话音未落，他企图以助跑之后的跳水动作从网洞中飞身鱼跃过去，幸好被我看到并阻止了。

铁锁的螺丝扣拧到头要7~8圈，学员刚爬到第三阶天梯的圆木上，拴在学员身上的铁锁怎么可能会自动打开了呢？

做"求生"这个项目，最后一个学员要想上去极其困难，因此很多学员想到让他去助跑一下，这样可以跳起来高一点。可是没有想到的是，当他踏到厚厚的海绵垫上之后，就跃不起来了，于是惯性使他的头撞向水泥墙面。

还有太多的想不到，最终酿成了大大小小的安全事故。

那么，如此多的安全事故为什么没有成为拓展训练发展的障碍，关键的原因有两个：

拓/展/训/练/简/史

第一，亡羊补牢。这得益于班后会制度，当每一次安全事故出现的时候，我就会和大家一起讨论如何防止事故再次发生的整改措施，比如，做"背摔"，学员在极度恐惧时会伸手来抓培训师，一个最简单的动作就是绑手的布带系好后，培训师手抓布带的位置要紧挨着学员的手腕，当学员想伸手抓你时都会被你的拳头挡住，学员根本无法抓住你，如图5-6、图5-7所示。

图5-6 不规范动作示意图　　　　图5-7 规范动作示意图

图5-6是没有遇到事故之前的技术动作。图5-7的培训师手握栏杆，学员再大的体重都可以拉得住，不会被带下去，手握布带的位置正好顶在学员手腕的位置，至少在这两点上技术动作规范。

办法讨论出来之后，立刻写进项目书，并通知到每个培训师，或是作为新的安全规定写进制度，以及以后培训新聘培训师的教案里。现在，在一些拓展训练的场地上，还常常看见一些年轻的培训师在做"背摔"时，握学员的绑手带时位置在布带的最远端，一看便知这不是人众人系培训出来的。

到了2000年以后，做常规的拓展项目时，此类的安全事故发生率在人众人系里已经大幅度下降了，很少再有前面提到的那些安全事故发生了。

但在培训师交流的圈子里还经常听到有此类事故的发生，我就在想，不一定是这些培训师不想学习和成长，也许他们真的找不到地方去学，所以在未来有条件的情况下，我一定要成立一个培训拓展培训师的机构，为行业健康规范的发展再做些贡献。

第二，防火，防盗，"防媒体"。

20世纪90年代初，天津水上公园的蹦极场所发生了一起安全责任事故，有两个人同时跳下，由于绑在脚上的绳子长度计算不当，他们在落下即将到地面的时候，绳子没有拉住他们，其中一个女孩儿的头部直接磕在地面上，因抢救及时，总算保住了性命，但成了植物人。事故发生后，立刻见诸报端，随后，北青报的一个记者访问了华北地区所有的蹦极场所，发现所有能蹦极的地方都是冷冷清清，门可罗雀，销售额为零。这是因为"媒体共振规律"的存在，媒体的杀伤力非常大！

所以要"防"着点，否则的话，拓展训练这样一个利国利民的好事就有可能被扼杀在摇篮里。

"防媒体"，不是说离媒体远一点，不让媒体知道，而是主动把事故的善后工作做好而不让媒体过度报道。

刘总经理在这一点上有过人的智慧和气魄。1998年春天，在龙门新华社基地有一次交通事故，一个妇女违章骑摩托车追了我的车尾，虽然责任不在我，但是因为处理交通事故，我无法去给学员做培训了，只好打电话给刘总经理，让他代我去。他听了这个情况，嘱咐我，这种情况要当机立断，不要纠缠，更不能留下后患，所以无论是谁的责任，该赔偿的时候要赔偿，而且一次性赔偿清，并留下"证据"，不能让人家找你后账。

当一些大的安全事故发生后，刘总经理都是采取这种以守为攻的策略，也就是说，当事故发生后以一种积极和负责的态度来善后，在赔偿问题上不能等待法院的判决，而是努力争取在上法庭之前就把事情解决，当受伤或受害学员的家属看到能够得到满意的赔偿的时候，也就没必要一定要闹上媒体了。因此，人众人公司那些年也出过一些比较严重的安全事故，但是媒体从未做过这些事故的负面报道。

现在社会上的很多事情之所以会被媒体炒得火热，是因为矛盾的双方无法经过沟通协商来解决，一定要通过媒体来形成压力，事情才可能解决。

第六章
客户第一

6

客 / 户 / 第 / 一

第一节　服务型产品

在不断完善产品质量的同时，拓展训练学校的服务意识也在不断地增强。

拓展训练学校在很大程度上是提供服务的企业，客户在接受培训的同时，也要求享受相应的服务，那时人众人公司的员工，只要是有可能都会尽最大的努力帮助客户。

那个时候，我做过一件至今都让我感觉骄傲和自豪的事。

2000年年初，我们与惠普（中国）公司合作，参与了他们的NEO培训项目，也就是新员工的培训，其中的一天是交给我们人众人公司来做拓展训练。这天下午，我和几个培训师在刚刚启用的青龙湖训练场地等着这些新员工的到来，按计划他们下午5:30乘车到达青龙湖训练场，入住后，6:00吃晚餐，7:00开始培训热身。可是时间已经过了6:00还不见他们到来，经过电话联系，才知道因为下雪京石高速被封闭，他们只好绕道北京去保定的京保公路。这条路是一条有几十年历史的老路，非常地窄，京石高速通车之后，这条路只是有一些不能上高速的畜力车、拖拉机、载重大卡车和公共汽车在通行，勉强还可以走得通，一旦京石高速被封闭，所有的车就只有这样一条路了，可以想象有多少车被迫驶上这条路，而且是在冬季下班高峰时间。

要是走这一条路，我料定他们会迟到的，但我没有想到，直到晚上8:00还没有他们的消息，电话联系后知道他们果然是在路上堵着，根本走不动。我当时想，都到这个时候了他们（客户）一定是又饿又渴，而且心情一定糟糕透了，我们应该马上行动，给他们送一点吃的，送去我们的关怀，于是我盼咐基地主任让餐厅烧一大保温桶的姜糖水，烧好后，把这个大桶抬到我的车上，然后带着三个培训师开着车出发了。我们在良乡镇上的快餐店里给他们每人买了一个大汉堡，然后沿着京保路去找他们。果然这条路的出城方向上，各种各样的车排成了一条长龙，走走停停，比牛车的速度还要慢。进城的方向车辆稍微少一些，可我们越是接近城里车就越多，我担心再向前走会把我们也堵在里边，没办法只好把车停在路边，然后对两个培训师说："你们沿着路去找一下，看看能不能找到他们的车。"他们俩立刻下车向前方跑去，很快就消失在蒙蒙夜色里了。

为了让汉堡能保持温度，学员吃到嘴里的时候还是热乎乎的，我把装满汉堡的大筐箩放在副驾驶的座位上，然后把汽车空调的热风调到最高档上。我们在车里热得实在受不了，只好钻出车子，站到寒风凛冽的车子外面。半个小时过后，其中一个培训师来电话说已经找到了他们的车子，于是我们冒着同样被堵的风险，把车开到离他们最近的地点，然后把汉堡和姜汤送到了他们的车上。

据培训师们说，当他们把姜汤和汉堡包抬上车时，车厢里面响起了一片震耳欲聋的欢呼声。

这一天直到晚上10点多钟他们才到了青龙湖的训练场，尽管如此，我相信大家一定会有"终于到家了"的感觉。

记得2003年在上海的时候，为了给柯达公司做中层管理的培训，我们参与了他们的部分培训，目的是了解和熟悉学员。记得他们的一个课程叫"关键时刻"，给我印象深刻。这是一个培养员工客户意识、创造"以客户为中心"企业文化的培训课程，它通过一个案例告诉大家，在企业中，任何一个岗位上的员工都应该有客户至上的观念，并且在客户需要帮助的时候，无论自己是不是在这个岗位上都必须主动承担帮助客户的责任。

今天在回想这件事的时候，我想我碰到的恰恰就是一个"关键时刻"，在这个时候，考验的就是你的责任感，你的客户服务意识。其实我完全可以不做这个决定，只要在训练场等待就可以了，这是对我个人利益来说最保险、最安全的决定，因为堵车是不可控事件，即使他们在路上堵到深夜，也没有我们的责任，何况做出这个决定也要冒风险的。比如，给人买的汉堡吃出毛病怎么办？财务到时不给报销怎么办？我们去找学员，他们万一又到了培训场地怎么办？这些都会涉及我的个人利益，但是当时真的什么都没有想，只是觉得客户到我们这儿来做培训，堵在路上，又急又饿，我们不帮他们谁去帮他们？其实就是一点同情心加上对企业的责任感。由于有了这样的意识，在关键的时刻你就会有为客户服务的责任感，这会给你的企业带来客户，也会给你带来你未曾期待的荣耀。

2003年人众人公司的年会在苏州举行，2002年惠普（中国）公司到人众人房山培训场地参加培训的组织者文先生后来也加入了人众人团队，在总结大会上，他谈到他为什么会坚定地一直把惠普NEO的培训交给人众人公司来做，以及他为什么会在后来义无反顾地离开名列世界500强的大公司——惠普而投身人众人公司的时候，他提到了这件事，并且说这是影响他做出这些决定的主要理由。他说当年他在车上心急如焚的时候听到有人在冰天雪地里敲他们的车门，他根本没有想到会是人众人公司的培训师，更没有想到我们会把热气腾腾的汉堡和姜汤抬到车上，抬到饥肠辘辘的学员们面前，令他感动得几乎落泪，现在他想起这件事也还不能平静。他说已经忘了是哪一个培训师了，想知道他的名字，我当时正好在场，我简单地说了一下当时的经过，他走到我面前，和我长时间地拥抱，以表示他的感谢。

顺便说一下，文先生来到人众人公司之后，非常地努力，做出过很多贡献，把兼职培训师改称为"客座培训师"就是他众多创意之一，体现了人众人公司对兼职培训师的尊重。

第二节　客户至上

"客户至上"还包括当你面对客户的责难和误解的时候，从大局出发，牺牲个人利益，保全组织利益。

1997年的秋天，我带领一支培训师的队伍在风景如画的北戴河培训场地（见图6-1），承接北京大学企业家培训班的100多位来自全国各地的企业家和企业的高层管理者。

图6-1　作者在北戴河培训场地留影

第一天，培训进行得有条不紊，非常顺利，傍晚培训结束，培训师都乘车返回北京。因为学员第二天在北戴河还有一上午的自由活动时间，所以我和负责这次培训的项目经理留下和学员一起返回，可是在当天夜里，一场灾难袭来。

晚上10点多钟，我刚刚睡下，电话就开始响了起来，是我们的一位兼职客户经理，她说有个学员拉肚子，给他吃了黄连素，但不管用，现在还有点发烧，需要送医院。我立刻从床上爬起来，开车把这个学员送到了医院，医生听他说了症状，连听诊器、体温表这样的检查手段都没有使用，就立刻诊断为急性肠炎，是吃海鲜引起的。有过在海边度假经历的人都知道，海鲜是好东西，但如果这个东西不新鲜，变质了，特别是螃蟹，吃了它就会导致急性肠炎，严重时或延误了治疗就会危及生命。医生告诉我，以前在北戴河每年都会因为这个疾病死几个人，但是现在发明了一种药，叫"一针灵"，再严重的病人来了，只要打一针就会见效，现在基本上没有因为海鲜中毒死人的事了。他给我们的那个学员打了一针，然后说："严重腹泻导致病人的身体很虚弱，需要在这里补充盐水和葡萄糖以恢复体力，也顺便观察病情是否好转，如果输液后没有什么事，就可以回去了。"我们那个学员刚刚输上液，我的手机又响了，还是我们那个客户经理，电话里她急急忙忙地说："李老师，不好了，又有学员拉肚子，你快回来。"

我匆忙赶回来，发现在学员住的楼前站了很多人，有我们的客户经理，还有北京大学的几位老师。我下车走近他们，老师们七嘴八舌地抱怨，我们的客户经理小心翼翼地在赔着不是。见我把车开过来赶忙说，"把他们几个都送去医院"，我这才知道还有几个人都拉肚子了。一共有四五个人上了车，我把他们送到医院，医生给他们做了同样的处理。在他们留院观察的时候，我回到宿舍，心想总算可以睡一会儿了，白天训练了一天，很累，现在又熬到这个时候，何况明天还有培训，可是我刚刚躺下，电话又响了。当我把这个学员送去医院回来时，我都不敢再脱衣服了，就和衣躺在床上，因为不知道什么时候又来电话。就这样，后来又送了两次，最后一次回来时，东方已现微微的晨曦。

第二天上午，几位老师来到我们的办公室兼宿舍，脸色都极其严峻，其中一位女老师说："据我们的了解，从昨天晚饭后开始，一共有30多个学员发生了严重腹泻，这是一起严重的食物中毒事件，你们要对这个事件负责，必须要给我们一个说法。"

我解释说:"这个事情我们是有责任,但是提供食宿的是我们的合作方,他们也是一家中央单位设在北戴河的培训中心,应该不会胡来的,是不是因为学员吃的海鲜有问题,或是其他什么原因,因为昨天晚上有学员告诉我,昨天的晚餐有海鲜。我会去找中心领导反映这个情况,要求他们重点关注一下伙食的卫生状况。"

那位女老师很生气地说:"还提什么卫生?学员反映他们用的筷子都发霉了,长了绿毛,你见过这样的筷子吗?有这样的卫生吗?我知道食堂不是你们管的,我们会找他们交涉,并且会到有关部门报案。"

说完她就走了,真的去报案了。

如果说她是因为发生了这样的事让她担心而生气,态度不好,我觉得也能理解,可是另外一个姓金的男老师后来说的一番话,就让我真的无法接受了。

他消瘦,戴了个金丝眼镜,30岁左右的样子,他说话的声音不高,可说出来的每句话都让你感觉那么地别扭、扎心。他靠在桌上,掏出烟来递给我,我说"我不吸烟",他把烟放回烟盒,然后对我说:"李老师,你可要想清楚,这件事绝没有那么容易就完了,如果让卫生防疫站检查出什么问题来,你想想是什么后果?所以别想糊弄过去,要是我们的学员出了什么事,你要负责任的,千万别小看北大,我们北大还没有什么办不成的事,不信你就试试?"

听了这些话,好像是我蓄意要把学员搞病,并且拒不交代"犯罪"事实,虽然他嘴里叫的是"李老师",可他的语气和态度整个儿一个警察训小偷。当时心里憋气,也真想把这个不懂得尊重人的家伙臭骂一顿,可是不能这样做,得忍着,因为这是客户,为了企业的利益,只有把这些不快都咽到肚子里。

当时我们的项目经理和我一起经历了这一切,回去后逢人就说:"这见天熬的,李老师真不容易,小五十的人了。"

这是我自己经历的两件事,当时的人众人公司还有不少这样提供给客户优质服务的例子，比如我在上海学校看到的一件事。在一次两天的培训中，当晚上给参训的学员上完一节室内课的时候，我们的客户部总监告诉学员："请大家先不要走，还有最后一件事。"这时她把教室的灯光调暗，然后用从酒店借来的手推车推进一个烛光闪烁的大蛋糕，对大家说："今天是×××学员的生日，我们一起来祝她生日快乐！"这位学员激动不已上来许愿，吹熄蜡烛，然后所有的人齐声唱起"祝你生日快乐……"大家分享蛋糕，也分享这一份被尊重的美好。

也还有许多人会讲，"客户第一，客户是上帝"，这都不是常识吗？在企业工作的人谁又不知晓？

是的，但是"客户第一，客户是上帝"这样的意识不是每个员工在任何时候、任何场合都能保持的，因为你有累的时候，你有烦的时候，你有不舒服的时候，你有忙得不可开交的时候，也有和你的私人利益相冲突的时候，在这些时候，你还能做到"客户第一"吗？

因此，"把常识变成常规"才是最难的事。

第七章 用人成事

用 / 人 / 成 / 事

第七章 用人成事

第一节 至关重要的岗位

当年刘总经理在辞去北京拓展训练学校校长时说:"需要有更多的时间和精力考虑公司未来如何发展。"

在当时,公司怎样才能活下来?怎样才能发展壮大?怎样才能避免危机?实在有太多的事情需要他认真去想,但是找到一个总经理来承担企业的经营管理重任,可能是他急切地要考虑的问题,因为如果这个问题不解决,其他事情考虑得再好,也没有人来做。

前面说过人众人公司在最初的时候的确有一个核心团队,虽然这个团队的成员各有特长,在某一方面有过人的优势,但却不是一个最佳的结构,因为这是在办一个企业,既然是办企业,就必须要有懂得企业经营的人,可是在当时那个团队里,没有人可以承担这个重任。

王途基本上是一个书生,好不容易毕业出了大学的门,扭头又进了大学工作,没两年甄老师就把他推荐到了北京拓展训练学校。从未接触过企业,也没有接触过培训,这么多年以我对他的了解,他的个性就是圣人说的"君子欲讷于言而敏于行"。

他是典型的行动胜过语言的人,认识他整整十年,没有见过他在员工大会上讲过一次话,所以很多基层的员工根本就不认识他。我最初认识王途的时候,就发现了他的这个特点,从房山的培训场地回来,车上只有我们两个人,整整一个多小时的路程,他没有主动说一句话,当时以为他心里有很沉重的事,也不便问,以后在一起时间长了才知道,他就是这样的个性。后来在一起我们看到最多的,也是给人印象最深的就是他严肃地坐在电脑前办公的神情，眉头紧锁，两眼直直地盯着电脑，不抽烟，不喝水，不休息，偶尔接个电话，直到把事情做完了，才见他站起身。除非是工作需要，否则他很少和员工闲聊，也难得看见他笑一笑，只有偶尔和他一起打乒乓球的时候，才看到他生龙活虎的样子。他的乒乓球打得非常好，据说他在念大学期间曾经获得某一届全国高校乒乓球比赛的男子单打冠军。

作为第一个追随刘总经理做拓展训练的人，王途在推动拓展训练的发展上也有很多的创意，对于完善户外体验式培训这种产品做出过很大的贡献。其中之一是为此种培训结束时的高潮添加了点睛一笔——颁发参训证书。

最早做完培训的时候，是没有证书的，因为学员参训的时间比较短，学到了哪一种知识和技能也不明确，所以最初创办拓展训练这种培训方式的时候刘总经理并没有考虑发给学员结业证书。早两年我们在培训总结的时候，看到学员情绪高昂、精神振奋，此刻培训师突然宣布："培训结束，大家可以回家了。"这时候，总是感觉少了点什么，但却不知道少的是什么。直到有一天在培训结束的时候，王途带的队里的一个学员索要王途的联系电话，可王途身上什么也没有带，好不容易找了支笔却找不到一个纸片儿，于是学员说，"要是能给我们发一个证书就好了"。这一下提醒了王途，这种方式既可以给学员留下纪念，也可以宣传拓展训练，他立刻找人设计了一个参训证书。以后在培训结束总结时，就增加了给学员颁发参训证书这个环节。

给学员颁发参训证书这个环节对于完善整个培训流程很有意义，首先，这是一个学习结果的证明，其次也给了情绪高昂、精神振奋、仍处在激动中的学员一个合乎逻辑的降温理由，使培训处在高潮时能够合理终止。有了这个证书，学员就可以较为平静地踏上回家的路了。

证书最初设计为用"星"来区分受训的程度，以天数计星，一星级就是参加了一天的拓展训练，两星级就是参加了两天的拓展训练，以此类推。可是，这样的设计也有问题，因为它只可以说明强度，而不能说明深度和广度，而且一旦天数比较多，这样的证书就有点不伦不类，比如，当时贵州一家企业的高级管理层来到北京做了一个6天的培训，证书是这样写的："您在×年×月×日至×年×月×日在北京拓展训练学校参加了一个'陆星'级的培训。"我相信这样的证书拿给外人看时实在有点难以理解了。因此在2002年后，这个证书取消了星级，以课程的名称直接反映在证书上，通常没有明确课程名称的拓展训练就称为"团队建设"课程。

还有一个小小的贡献是创造了"队训"。

队训类似一句口号，是热身时每个小团队完成团队建设的6项任务之一。最初的拓展训练也没有这一项任务，后来王途从学员在参加拓展训练时的呐喊中受到启发，而创造了"队训"这项任务。那一次，我恰巧也在训练场地上，看到他带的一个保险公司队在做"断桥"，有一个学员在断桥上不敢跳过去，其余的学员就在下面喊他们公司的口号，大意是"你是好样的，你是最棒的！"整齐响亮，合辙押韵。后来，干脆每上去一个队员他们就喊一遍口号，有不敢跳的队员他们就喊好几遍口号，直到他跳过去，引得训练场上所有的人都来观看他们。王途一看这个口号的作用这样大，以后就在热身的"团队建设"这个环节上增加了这个任务，取名叫"队训"，内容由学员自己来创意。后来，我们在实践的过程中，感觉这个队训的作用真是太大了，因为拓展训练一个最主要的功能就是培养学员的团队精神，而能恰当体现出团队凝聚力、向心力以及横扫一切的气势的外在表现形式，莫过于这个队训了。这个创造对于拓展训练来说，就像喝咖啡，不加"伴侣"也能喝，可加了以后味道就更加香浓了。

王途在人众人公司的早期一直是肩负重任，刘总经理辞去北京拓展训练学校校长职务后就是王途接替的，后来又在上海做上海分公司的总经理，但是毕竟从前没有做过管理，因此他的管理方法基本上是从性格出发的，有点随心所欲。王途是一个说话不考虑他人情绪情感变化的人，直来直去，从不转弯抹角。如果是一个普通的员工，可能影响不会很大，但是处在一个组织的高层管理位置上，你的沟通技巧就有所欠缺。沟通是一个管理者最重要的技能之一，你可以写不出完美的报告，你可以讲不了英文，电脑在你手里也只是打字机和储存器，这都没有关系，因为所有技能性的工作都可以有专门的人才替你做，但你不能不会与人沟通，因为这件事无人能够代替你去做。因此，尽管王途没日没夜、有家没家地埋头苦干，但在员工的心目中却有一个"暴君"的形象，最初在北京拓展训练学校时，培训师私下里称他为"小老虎"，意思是他年轻又很凶猛，在上海的时候培训师叫他"村支书"，也大概是这个意思。

王途是属于这样一种类型的人，你交给我任务，哪怕这工作再苦再难，他不讲条件，不谈报酬，拼死拼活地也要完成任务，简直就是一个中国版的"加西亚"。在人众人公司，王途是刘总经理最信任的人，只要是哪里"着火"了，第一个就会把他扔出去救火。

但是，作为企业的管理者，尤其是负责经营的高层管理者，王途还需要磨炼。

王山杉虽然在北京市委党校当过老师，懂得一些教学和培训，在来人众人公司之前也在一个小企业工作过，但是担负这样大的责任也还不是时候。王山杉是个健谈的人，但是缺少鼓动力。那一年，随着业务的增长，我要求所有的专职培训师都能够做热身和总结，以便能够独当一面，于是大家各自认真准备，然后找了一个晚上考核他们。当时把王山杉请去做评委，当培训师们做完热身和模拟总结之后，我们请王山杉给大家做点评，他慢悠悠地讲了半个多小时，考核结束以后，好几个培训师神情紧张地问我："他讲的是什么意思啊？"

在个性上王山杉是一个爱憎分明的人，如果他看不上这个人，理都不会理他，如果让他感觉到你侵犯了组织的利益，他能立刻沉下脸来，指着鼻子骂你一顿。从管理的角度讲，这种性格缺少魅力，也缺少些个人影响力，很难把众多的员工凝聚在自己的身边。

总经理的位置这两个人都不太适合，其他的人恐怕就更没有资格和能力承担这个重任了。然而，"众里寻他千百度，蓦然回首，那人却在灯火阑珊处"。

这个总经理的人选叫杜葵，宁夏人，在北京师范大学读书时与甄老师是同班同学，从学校毕业后当过一段时间的记者，后来去比利时留学，行政管理硕士研究生毕业。回国后，在柯达（中国）公司工作了几年，表现不错，被列入公司干部培养的"金名单"，在外企的前景光明灿烂。

准备请杜葵担任总经理不是请"海归"一般的赶时髦。

早在1998年的时候，刘总经理就曾和我聊过想招杜葵加盟人众人公司的想法。记得有一次培训结束后，所有的人在金山城重庆火锅聚会，那次杜葵也去了，我们刚好坐在一起，就随便地聊了起来，我们聊了很多，但只有一句话至今印象深刻，他对我说："很愿意和过去的老同学们在一起，因为从他们身上可以学到很多东西。"感觉他谦虚好学，为人真诚。

第二天刘总经理和我说，他和杜葵已经谈过。那时他刚从比利时回国，正在找工作，当刘总经理邀他加入人众人公司的时候，他表示了两个意思：第一是他可以加入人众人公司，但不是以职业经理人的身份，而是以股东的身份参与人众人公司的经营管理和未来的发展；第二是他目前希望到企业工作一段时间，积累一些企业经营管理的经验之后再来。所以他当时没有接受刘总经理的邀请，而是去了柯达。

也许对于杜葵来说，那个时候加入人众人公司时机并不成熟，他需要好好想一想，好好看一看，人众人公司做的拓展训练是不是他可以毕生追求的事业。

在柯达工作期间，他也一直观察着人众人公司的表现，并且不断地和人公司众人有各种各样的接触。现在很多做拓展训练的人都知道有一封信，这封信是某外企一个部门经理写给他的员工，鼓励他们以积极的心态参加拓展训练的：

你本不是天生的王子或公主，但你却一下子就习惯并喜欢上了在明亮、恒温的办公室里办公，出差时享受星级酒店的豪华和舒适，你志得意满，无所畏惧，却未曾想到会在自己设置的障碍前裹足不前。如果你没有拖鞋，就不在晚上走路；如果你没有属于自己的干净脸盆，就不愿洗脸；如果你和三人以上同居一室，就不能睡觉；如果你没有空调，就不知道该穿几件衣服……。对不起，那你真的需要去体验一下自己了，因为你作茧自缚却浑然不知。人生路上有些东西是必备的，但你却搞不清楚应该是什么。你要去的一所学校，是一个军营，而不是你早已习惯的酒店。你需要打破自己日常生活和工作的狭小空间，投入大自然中，挑战自己能力的极限，从中体验生命的精彩。

这封信就出自杜葵之手。

两年之后，杜葵正式加入了人众人公司。这是在2000年，新世纪开始的时候。

杜葵是一个务实能干的人，刚刚来到人众人公司，就编了一个"狼来了"的故事，把我们所有的人都"骗"得像个缺心眼的二傻子，在和全体员工第一次见面会上，他拿出了一张报纸，然后用专业播音员一般富有磁性的嗓音念了上面的一段新闻，大意是：

本报讯，随着中国国民经济的迅速发展，培训市场呈现旺盛需求，境外一些知名培训公司普遍看好这个市场，并计划逐步进入分一杯羹。日前，一家有上百年历史的全球知名培训公司，已经率先进入中国，并从这一年开始，计划每年面向企业培训20万人！

他念完了这段新闻之后，问我们大家："请问有谁看过这个消息？"整个会场上鸦雀无声，只有刘总经理举起手。

相信很多人也和我一样，最初听到这个消息的时候半信半疑，但看到刘总经理举手之后就死心塌地地相信了。

之后，杜葵对大家说："虽然形势严峻，但是我们还是有机会的，只要我们大家齐心协力，就能够在竞争中脱颖而出。"于是，组织大家对人众人公司做了一个SWOT分析，让大家在看到竞争威胁的同时也看到希望的曙光。

后来我们才知道，报纸上的这条消息，连同报纸都是杜葵精心设计出来的。记得吗？他是做过记者的。

杜葵成为人众人公司的总裁，他在人众人公司的主要作用是形象大使，几年来出现在无数大大小小的公众场合，从央视的《赢在中国》、天津台的《非你莫属》到各种行业会议的演讲，接受各种媒体的采访，与众多企业沟通交流，为人众人公司良好的社会影响和品牌知名度的提升立下了汗马功劳。

杜总裁在人众人公司的内部评价是见仁见智，自然褒贬不一。我相信刘总经理对他的评价，刘总经理不止一次地对我说过："杜葵是一个很正直的人。"他的正，我们可以直接感受；他的直，我们更是亲眼所见。有两件事，让我印象深刻。

其一：2002年夏天，杜总裁来广州，此时我已经调任广东人众人公司的培训总监，他来到我们刚刚在花都与广州建总合作的训练场地，如图7-1所示。

当天晚上，在宿舍楼里我们向总裁汇报工作，校长兆卫把广州公司的运营情况汇报完之后就离开了，接下来由我汇报培训部的工作。我精心准备了整整两天，做了大量的功课，可是我刚刚说了没有几句，就见坐在我对面的杜总裁眼皮下垂，嘴微张着，头瞬间低下。我以为他睡着了，可是当我想唤醒他的时候，他又突然睁开双眼望着我。我一看他没有睡，又接着开始汇报。我没说两句，发现他再次眼皮下垂，头又低下了，眼见得又睡了，我不得已，只好又停下来。此时我不知是不是要叫他了，正在我犹豫不决时，他又睁开眼睛看着我，仿佛刚刚清醒，嘴里嘟囔着："啊？你说啥？说啊！"此时我心里已经很不是滋味了，可还是耐着性子汇报下去，可没说两句，他又低了头，他显然困得不行，完全丧失战斗力了。我一把揪醒他说："赶快去睡吧！"把他送走后已是晚上10点多了，心里有点憋屈，心想："你也真够直的，哪怕你装装样子也好。"

拓/展/训/练/简/史

图7-1　人众人公司在广州花都的训练场地（摄于2002年）

其二：2002年年底在办公室，一个从飞利浦来人众人公司不久的小姑娘，慌慌张张地跑到我面前，对我说，坐在她办公桌对面的做企划宣传的好姐妹刚刚被杜总裁给"炒"了。这个小姑娘是我当年在北京组织人事科研所的一个同事，后来去了飞利浦公司任HR总监，他手下的办事员。来人众人公司之前，我就和小姑娘非常熟。我问她"什么原因"，她回答说"没有原因"。她说，那位同事去杜总裁办公室汇报工作，汇报完之后，杜总裁对她说："你现在去会计那里结账，然后离开。"那位同事没有任何思想准备，立时呆傻地愣住了。坐在她对面的小姑娘看到后，了解了情况，就跑到我的办公室来请我去帮忙。当然，她的那位姐妹在我和王途的帮助下最终还是留了下来。

第二节 做"拓展"还是人多点好

"做拓展还是人多点好",这是刘总经理经常说的一句话,因此他和甄老师经常商议找一些能力强的人加入人众人公司。人众人公司早期还成功引进了一位管理者,他在人众人公司的职务是主管拓展训练的副总裁,他就是兆卫先生。

想到这个人的时候,脑海中首先映现的是他的那些传奇故事。

故事一:一次华嫘开车拉着他和高婕外出办事,结果在高速上迷路了,那时还没有导航,只好不断地停车问路。车开动后,华嫘和高婕两人开始争论一个问题,因为两人的意见不一致,就寻求兆卫的支持,她喊了几声兆老师,但是没有回声,回头一看,两个人都吓了一跳,后座上竟然空无一人。难道他人间蒸发了?后来才知道,华嫘下车问路的时候,兆卫也下了车去问路,华嫘问好路后,驱车就走,她以为兆卫还在车上,就这样把他扔在高速路上。后来,开了几十公里才把他找回来。

故事二:1998年在杭州给伊莱克斯的300多名员工做了一次年会的课程(见图7-2),这也是一次创新的课程,艾焀和另外两个教练成功地开发了一个城市定向的课程,并顺利实施。返回北京的时候,我们坐的是老式绿皮火车,在车上兆卫在上厕所的时候不慎把手机掉到便池里,手机顺着排水管飞出了车外。人众人公司有一个传统,每年年底都要开年会,而且年会上要评选这一年的十件大事、十件趣事。当年年底开年会的时候,有个幽默的兼职培训师就在会上演绎了兆卫丢手机的趣事,他说:"兆老师从厕所出来后垂头丧气,逢人就说,'真郁闷,把手机掉厕所里了',还问其他人:'还能找回来吗?'那个被问的人一本正经地对他说:'可以。'兆老师喜出望外,忙问:'如何?'那人说:'你回到厕所,然后找一把小刀,在你掉手机的地方刻一个记号,等车停了再按着这个记号去找。'兆卫老师立刻转身

拓/展/训/练/简/史

图7-2 伊莱克斯大学MBA环球课程培训（第二排左起第六人为本书作者）

回到那个厕所。"从此有了兆卫"刻厕求机"的故事。

故事三：2001年年初，我调到上海分公司工作，我们几个人在办公室附近租了一个两居室的房子，在那栋楼的顶层。为了安全，顶层的两户人家在楼道里装了一个铁栅栏，栅栏上有个门，只有通过这个铁门，才能到达居室的门。有一天早上，我们走的早，兆卫最后离开房间。他出了居室的门之后把门锁好，下楼梯到了栅栏门前，准备开铁栅栏的门，这时他摸遍了身上所有衣服的口袋，也没有找到钥匙，他想回去取，发现房门已被自己出来时锁上了，这时又发现手机也没有带出来。九点多钟的时候，楼里的居民也都出门上学、上班了，就这样进又进不去，出又出不来，自己把自己关了"监狱"。他不停地喊人，一个多小时后，终于把住在一层的一位老婆婆闹醒了，老人家不辞辛苦爬到六层楼上，又回家给我们的办公室打了电话，才将他解除"监禁"。

故事四：2002年，我和兆卫又一起到了广州，开辟新的"战场"，很快就招了一批新员工。那个时候我们在广东还没有训练场地，因此新员工的项目体验就只好选择在天河公园的大门口，那里有一块较大的场地，也有比较宽的可以避雨的走廊。我们给新员工安排了三个项目，做完项目后，兆卫给大家讲话，对新员工表示欢迎，同时，告诉大家关于学校对培训师的要求，与大家沟通关于收培训抵押金和签署保密协议的事。当时天下着雨，因此大家不得不站在走廊里。大家围成一个圆圈，认真地听兆卫讲话。兆卫也是一个擅长演讲的人，在人众人公司，他和华嫽是大家公认的好口才，一旦开讲，极其动情，也很有鼓动力。他那时抽烟很凶，那天也是一边抽烟一边讲话，用喝了一多半的矿泉水瓶当烟灰缸，边抽边往里面弹烟灰。抽完一根烟，就把烟头扔在水瓶里，继续讲，又讲了一段时间，大概他突然感觉口渴，就随手打开水瓶，一仰脖儿，一大口富含尼古丁和烟油的黑黄烟灰水灌到他嘴里。大概是味道实在有些苦辣，他痛苦地扭歪了脸，回头狂吐起来，听他讲话的这些年轻的培训师拼命忍着，不敢笑出声来。

这些小故事，听来让人忍俊不禁，可我想说的是，兆卫先生也是一员干将，在人众人公司发展的历程中，他曾经主管过北京、上海和广东的拓展训练学校，对公司的发展做出很大贡献，最后位至人众人公司副总裁。至于那些故事，可以用大智若愚来解释了。

第三节 兼职教练

说到拓展训练，不能不说到兼职教练，从最初成立北京拓展训练学校，培训的主力军就是兼职的教练们。

选择用兼职教练，有两个原因：一是当年在香港的外展训练学习时见到的教练们都是户外的形象，一个个黝黑、健壮，皮肤紧包着肌肉，给人健康、阳光、积极向上的印象，刘总经理希望找到这样的教练，他曾经对我说："将来咱们的教练，一个个身材高大，有培训的时候，每人都开着SUV来到这里，戴着墨镜，酷极了！"当然还必须要具备一定的文化水平。于是刘总经理在他就读过的北京师范大学和王途当时工作的北京工商大学找到几个教练，主要是体育老师，他们既有良好的体能，也有较高的学历，其中有两个博士、一个硕士，其他都是大学本科毕业，由这些人组成了最初拓展训练的兼职教练队伍。二是刚刚成立的企业没有钱养人，因为那时业务少，而且户外训练有淡季和旺季之分，北京地区适合户外活动的天气应该是从4月中旬到11月初，在冬季是无法在户外训练的，如果全是专职教练的话，冬季没有业务，还要支付这些教练的工资，对企业发展是沉重的负担。对于刚刚起步的企业来说，用兼职教练是成本最低的运营设计和赢利模式。

后来步入此行业的培训公司纷纷效仿此种模式，十几年的发展成了一种行业现象，几乎100%的培训公司都在使用兼职教练。

到了今天，拓展训练行业依然盛行使用兼职教练，原因与人众人公司的初衷相同。

然而，看事物不能只看现象，还要看事物的本质。我们来分析一下拓展训练行业的兼职现象。

"兼职"这个词的英文是Part time，即用自己一部分的时间从事某种工作。人众人公司早期的兼职教练就是这样，他们都有自己的一份职业，然后利用自己的闲暇时间来拓展训练学校做教练。

随着这个行业的发展，这种工作模式发生了很大的变化，从开始的兼职教练变成了"专兼职教练"，即是"专门做兼职的教练"。他们不再有自己的正式工作，用全部的时间来做兼职的工作，因为这个时候，拓展训练已经在大江南北飞速传播，大量的拓展训练公司出现在这个市场上，他们的业务量让这些兼职的拓展教练不用找其他工作就可以养家糊口，而且他们慢慢发现，做"专兼职教练"的好处还不仅如此，总结起来有三个益处：

第一，可以经常性地、大面积地收获尊重。这是由于这个训练方式的特殊性，有两个方面的原因：其一，时间短。培训一般在两三天里完成，教练可以把自己身上所有的优秀品质呈现在学员面前,学员在这个时间段里看到的都是教练身上最闪光的地方。其二,拓展训练最主要的是一个个具体的、不同作用的项目带给学员的震撼,比如,当你跨过了"高空断桥",你会得到自我突破的成就感,当你和伙伴们一起翻越了"求生墙",你会更深刻地理解团队的力量。如果是学员初次体验拓展训练的话,他会把这种感觉移情在带队的教练身上,因此他们的带队教练会得到特别的尊重和赞美。

第二,追求到了"相对自由"的人生境界。在当初不允许有自由职业的社会环境里,每个成年人都要进入一个组织里谋生,在组织里工作,你获得工资收入,但你必须要服从这个组织的各项规章制度。仅从"出勤制度"来看,你不能迟到早退,你不能旷工,你有事必须提前请假甚至被扣相应数量的工资,病假必须要有正规医院开具的病假条,否则以旷工处理。此外,在组织里笼罩着一种"政治"气氛,你想进步、想晋升,必须与组织保持高度一致才行,即使你有突出的才干,如果你不"入乡随俗",注定事与愿违。因此,在这样的组织里面你没有自由,你被这个组织全面管束,这时,任何的自由意志在生存面前都不堪一击。但是,社会在发展,文明在进步,当人类社会进入21世纪的时候,人们可以凭借自己的一技之长摆脱组织的束缚,拓展教练们突然发现,不必去找全职工作,仅仅是做兼职教练就可以与工薪族所获相等,甚至更高,况且,没有KPI,你可以更加自由地发展你自己,而且相比较,职业的产出比很高。以北京为例,一个中等水平的拓展教练当时一天的课酬是500~600元,那么一个月里你只要工作10天,就已经远远超过当时的平均工资了(新华网北京3月27日电 北京市统计局日前发布的2005年北京市职工平均工资通告显示,2005年北京市职工年平均工资为32808元,首次超过3万元)。

第三,有益健康。从生理上讲,拓展教练工作的场所基本上是在户外,经常在山清水秀的风景胜地开展活动,饱览祖国的名山大川。由于在不停地运动,拓展训练的教练们会比整天待在室内的上班族锻炼得要多一些,整体体质自然要好一些。此外,拓展训练的宗旨就是传递给参训学员积极向上的心态，而这种传递不是靠说的，更多的是靠影响，因此，拓展训练的教练首先要保持积极向上的心态，心理健康。现代医学的研究认为，心态的健康是身体健康的前提，一些重大疾病的发病取决于心态，心态好自然抵抗力强。因此，拓展教练相较于一般行业的人身体更健康。

这些益处让兼职教练们得到了实惠，却给拓展训练行业带来了无尽的损害。毋庸讳言，今天拓展训练行业呈现的乱象，主要就是来自拓展训练公司使用兼职教练这一事实。

做兼职的人有一种"打工心态"，也就是"给多少钱，干多少活儿"。曾经有个兼职教练对我讲过一件事，说一次他和几个兼职教练给某个拓展公司带队做拓展训练，结束后大家站队等待欢送学员，这时这家拓展公司的后勤工作人员把用过的器械装在一个塑料整理箱里，然后费力地拖着去装车。这个兼职教练一看是个身材瘦弱的女士，就准备过去帮她抬箱子，可他刚刚迈出一步，就被身边的另一个兼职教练一把揪住了，然后对他说："管这闲事干嘛？他们给你多少钱呀？"这个故事很能说明兼职教练"打工心态"这个问题。

这些年兼职拓展训练的教练们与拓展训练公司之间是博弈生存的关系，拓展训练公司给他们工作机会，他们替拓展训练公司培训客户。拓展训练公司要降低成本，付给这些兼职教练最低劳务费；兼职教练要为提高工资、改善待遇而与拓展训练公司明争暗斗。公司指责教练矫情，只认钱；兼职教练骂公司老板黑心，"资本家"。公司烦透某个教练，可培训多了，还不得不请他来做教练；教练讨厌某个公司，可这个公司来电叫他去带队，他一边骂着一边麻利儿地赶去。公司经常毁约，教练也时不时地放公司的鸽子；公司为了利益，可以"对不住"某些教练，这些教练就私下联盟抵制这家公司；公司为防止教练的不轨，要求他们接受条件苛刻的约定，高水平的教练还是有办法撬走公司的客户。

这样的行业现状，导致了相当一部分兼职教练没有生活的压力，不受管束，不思进取，每天得过且过，根本不用考虑学习和提升自身素质的问题，只是按照拓展训练公司传递来的客户需求学一些活动的方式。

今天兼职教练的这种现状，在最初是没有人可预见的，包括创造了兼职教练这一模式的刘总经理。

兼职教练在十几年的发展过程中也发生了巨大的变化，他们为了生存而不断努力去适应环境，这是一个物种在生存面前的"自然选择"。

自然界与人类社会的变化有两种：一种叫革命，一种叫演变。革命立竿见影，演变则需要时间，短则十几年、二十年，长则需要几十年甚至上百年，而大自然的沧海桑田则需要几百上千年。

当时做这个决定的时候没有人能够预料长时间的变化带来的影响，刘总经理也不想看到今天的结果，但是当时看似对自己有利的决定一旦推出，就像射出的子弹无法拉回到枪膛一样，结果会令人震惊，你想瞄准的目标没有打中，而打中的目标却是你最不想打中的。

不受管束的兼职教练养活了中国成千上万的拓展训练机构，成千上万的拓展训练机构在为活着而竞争的时候又把拓展训练这个产品从不成熟做到了劣质，以致今天社会大众把拓展训练视同于鸡肋一般的低端消费，都是来源于当年使用兼职拓展训练教练的做法。

第八章
产品创新

8

产 / 品 / 创 / 新

第八章 产品创新

第一节 企业的创新概念

创新是一个时髦的名词，是企业决策者在表达企业发展未来大计中出现频率极高的一个词，也是企业价值观里出现最多的一个词，但是又有几个企业真正把创新做到了实处，使它不仅成为企业决策者振奋员工士气的一个口号，也能成为全体员工一个自发自愿的行动。因此我常常在想，创新一定是和企业决策者的理念以及他们的实际行动息息相关的，他不仅能够在观念上感知创新的重要，更重要的是能够在制度上拿出对创新者的激励保障并营造出一种能够调动员工创新热情的氛围。一个企业的创新就会有相应的成果，但如果只是把创新停留在口头上，在实际行动上并没有体现出对创新者的支持，那么，创新就永远是挂在墙上的价值观，而不能成为效益的体现。

在过去的那些年里，人众人公司也和很多企业一样，年年喊创新，因为大家都知道培训企业创新的必要性。2001年，我写了一个短文，发表在拓展的内部刊物上，这篇文章的题目是《创新随想》，抄在这里，和大家商榷，也供指正。

创新随想

那日，我行色匆匆地走过一条在我看来繁华得不能再繁华的街道，这条在这个国度里最大城市中的最大步行街上川流不息着一群意气风发、衣着光鲜的人，我在无法避免的碰撞中不断重复着"对不起""Sorry"之类没人听的废话，然后站到了斑马线的一端，等待总是姗姗来迟的绿灯。冬日里难得的阳光洒在活力四射、动感十足的街道上，也落在了须仰视才可能看到的——在造型别致的摩天大楼顶端的那块招摇的广告牌上的几个遒劲的大字上。这几个壮丽的大字吸引了我的注意力，因为那是几乎所有企业人都听得和说得多得不能再多的几个字："××××（企业名），我们一直在创新。"事实上那只是不经意的一瞥，却让我心潮澎湃，感慨万千。因为我已经从对"创新"二字的迷恋，到了想要躲开它的地步，就像初恋时一往情深的不能自拔，而后的理性觉醒。创新是一个近乎永恒的话题，也是一些企业和很多组织的决策者特别愿意表达的一个信心或一种信念，而且也的确因为创新拯救了一些企业并推动了整个世界的文明发展，也的确因为一些企业没有创新而江河日下。于是，人们就特别愿意用"改革""变革""创新""再造""突破思维定势"等这样一些时尚名词来显示和证明自己的时尚。

我却常常在想，没有做过创新的人怎么知道什么是创新呢？痛心疾首地喊几句口号就是创新了吗？我以为不是，创新不是一件简单的、说说就可以的事，而是一个人、一个企业在花团锦簇、风光无限时的忧患，是思想的天平向感性倾斜时的觉醒，是将军在深思熟虑后的出其不意和果敢坚决，是"胡思乱想"者的敏锐，更是在态度和机制上的推波助澜。总而言之，它是一个改变过去的愿望，是突发奇想之后的雷厉风"行"，重在行动，因此创新是动词而不是名词，是需要实实在在地去做，而不仅是说说而已。

人众人公司的拓展训练品牌已经广播8年，创新也要求和提倡了至少6年，但我们的创新在一段时间内走走停停，胜似闲庭信步。前几天，当我在一家一直合作得很好的合资企业做回访时，对方请我指导他们做一两个他们没有做过的项目，我搜肠刮肚想到的所有项目他们都做过了，真让我汗颜，但我仍信心十足地对他们说："我们有这个能力在尽可能短的时间内创造一些新项目出来，满足你们的需求。"说完这句话的时候我知道，我已经背上了多么沉重的负担，而且我也知道，这个沉重的负担可能不是我一个人就能背得动的。我在以前的单位从事研发工作的时候，看过很多这样的事例，一个很好的创意在变成生产力的过程中，由于难以通过观念、机制、公司政治、资金、时间等重重关卡而被束之高阁。事实上，绝大多数人是有创造力的，只要有组织的保证，有一个很好的激励机制和迅速的行动力就真的可以成就不一样的你，不一样的企业。1991年，德鲁克基金会的人为本会第一届大会准备本年度变革奖项的时候，希望德鲁克能对"变革"这个概念有一个清晰的定义，几分钟内德鲁克先生就发给他们一份传真，对"变革"做了这样一个定义：创建一个新的绩效（或性能）维度，这种改变就是革新。

如果说管理大师只是从理论的角度上对创新的概念做出解释的话，那么我想，事实上我们每一个人都应该也必须从自身工作绩效和工作表现这个维度来检讨自己所管理的组织和部门没有或缺少创新的事实。

"我们一直在创新"几个大字依然壮丽在冬日的阳光下，但我却在想，但愿这几个时尚大字绝不是这家企业为了时尚而创造出来的时尚。

这篇文字已经过去那么多年了，现在重新看过有些心虚，尽管文章中有些提法和观点欠妥，可我觉得没有必要去修改它，因为它记录的是历史，而历史是无法改变的。

人众人公司在最初的几年里已经意识到了这样一个事实，就是"拓展训练"这个产品的门槛太低。想要进入这个行业，是一件很容易的事，因为它不存在资金的壁垒，也缺少技术含量的阻拦，而且还有相当可观的利润率。像每个产品一样，当发现在这个市场有利可图的时候，淘金者就会蜂拥而至，去蚕食和分割这个市场。人众人公司在那个时候已经意识到了这样一个激烈竞争的时代早晚会到来，因为当年刘总经理在中组部培训中心的时候，就已经遭遇过这样的尴尬。当时，培训中心开发出一个三天的领导艺术的课程，这是一个完全按照现代培训的理念和技术设计开发出来的培训课程，半天一个专题，包括"领导风格""沟通""团队建设""竞争力""决策"和"领导者心理素质"，这六个专题是使用了"关键事件分析法"这个调查培训需求的工具，找到了当时领导干部们最关心的问题，也是最需要提高的几个领导和管理技能。在课程实施的过程中，充分使用了热身、问卷调查、角色扮演、小组研讨、个体体验、案例分析、互动游戏、总结提升等一系列的现代培训技术，甚至在培训环境的布置上也改变了传统的课堂方式，充分利用了投影仪、白纸架、记号笔、贴宝等工具，精心设计了各种形式的桌椅摆放，大白纸贴墙、茶歇等环节，以营造培训的气氛。可以说这在当时是最早在中国使用现代培训技术的培训课程，它不但在形式上让人耳目一新，在课程的实际内容和理论讲授上也有相当的深度，比如，现在很多人都知道的"九九方格""情景领导""相互作用分析""杰·哈里窗口""决策四步法"，以及"博弈和悖论"等理论，在那个时候在这些课程里就已经有深刻的阐述了。

这样的一种课程，在当时注定是受人欢迎的，因此有很多组织和企业组织管理者来听课，也有很多的组织和企业邀请培训中心的专家们到他们那里去讲课。其中有一个单位是中央的一个部委，他们有上万的干部和职工，他们有自己的培训中心，有自己的专职培训老师，有大量的培训需求，但是在受邀讲过几次课之后，发现他们不再有这种培训需求了。一个偶然的机会，刘总经理看到了一份教案，这个教案的内容与我们培训中心的讲师们的授课内容完全一样，几乎是一字不差。原来是这个部委培训中心的老师在听课的时候进行了全过程的录音录像，并且组织力量把录音带、录像带里面的每一句话都转移成文字的形式，形成了这个教案，再由自己的培训老师把这些内容讲给自己的员工，这样一来他们就可以不用请培训中心的专家们去讲课了。

我非常钦佩这些人的学习精神和对知识的渴望，但是如果是把别人的智慧和劳动照搬去为自己谋利，我就钦佩不起来了，甚至感到困惑。

以前在机关工作的时候对商业运作、对竞争生存没有太多的概念，来到培训公司之后才有了危机感，也对这样的现象有了更多的关注。我常想，一个产品在创造出来之前，创造者一定会付出太多的劳动和血汗，还有智慧和灵感，你可能付出同样的劳动和血汗，但你不一定有这样的智慧和灵感，因为这种东西带有人的特质，是无法复制和模仿的。你可以复制和模仿成果，但你不可能复制和模仿创造的能力，所以，我们看到很多人即使付出了很多心血和努力也成不了创造者和发明者，那么这些创造者和发明者们是不是应该有相应的回报呢？答案是毋庸置疑的。我们看到的却不是这样，有相当多的产品在问世不久就有很多的模仿产品出现了，这些跟进者可以说没有任何的前期投入，没有研发的成本就获得了利润，这是很不公平的事，但这是现实。当年微软公司在推出Office2000的时候，为了防止盗版做了大量的努力，但是几乎是在正版销售的同时，盗版的光盘就出现了，这样高精的科技都会迅速地被模仿，何况是拓展训练这种在当时还缺乏技术含量的产品啊。

当这种情况发生在自己身上的时候，也就真正理解了公司与公司之间，甚至国与国之间为什么揪住"知识产权"这个问题不放手了。这是我的困惑，也是很多发明创造者的困惑。

有了这样的前车之鉴，刘总经理当然知道如果没有源源不断的创新项目摆上人众人公司的产品货架，客户就会越来越少，因为他们不可能一个项目总是重复地做。心理挑战的项目可以多做几次，因为心理素质的培养不是一两次就能完成的，但是团队项目只要做过一次再做就没有味道了，也不具有挑战性了，因为每个团队项目都会有一两个关键点，如果我们把这些团队项目看成一个困难和一个难题，那么解决问题的突破口就是那么一两个，这层窗户纸捅破了，项目也就没有新颖性了。

我们现在仅有的这几个项目却极易被模仿，如果有人复制了这些项目，再开一家这样的学校，或是开了几家这样的学校，那么，我们自己就很难生存了。如果人众人公司不想被他人超越，就必须要创新。

第二节　三次创新高潮

人众人公司在这些年里经历了三次创新的高潮。

第一次是在1998—2000年。这一次的创新高潮是金钱加热情的产物，在这个时候，管理层的危机感使他们觉得一定要鼓励大家来创新，鼓励的方法就是号召专、兼职员工在业余时间进行项目的创新，一旦研发出一个新项目，经过了评审，就发给创新奖。这个时候的创新实际上是员工们凭着一种热情投入工作，发掘项目新的价值，而创新的方向也只是局限在训练项目的创新和改良上。

当时北京拓展训练学校的训练项目不多，只有下面一些：

个人项目：背摔、断桥、空中单杠、缅甸桥、下降、飞降。

集体项目：电网、罐头鞋、越障、求生、电车、轮胎、扎筏。

双人项目：天梯、相依为命。

还有一些小游戏一样的项目：小铃铛、连环手、卧式传递、占山为王等。

如果从现在做培训的角度看，项目已经不少了，因为无论什么项目都是为培训目标服务的，项目不过是培训师传递给学员某种知识或观念的载体，做项目并不是目的，而是通过做项目这种形式，引发学员的感触、体会、思考和联想，形成认识和观念的改变，进而促成学员在现实生活和工作中行为的改变，这才是真正的目的。然而在当时，大家对拓展训练这种培训方式的认识还没有达到这个高度，只是认为只有新项目的不断推陈出新，才是长久的生存之道。

当时，在北京拓展训练学校掀起了一个开发新项目的热潮，并且为了鼓动大家开发新项目的热情，刘力总经理制定了一个奖励制度，这个奖励制度现在看来简单，但确是实用有效，就是金钱奖励。比如，某人开发了一个项目,并由校方的评审机构认可,就可以得到2000元的奖励;假如这个项目在以后的培训过程中很受学员的欢迎,或是有良好的培训效果,那么,项目的开发者还可以得到一笔数目不少的奖金。这个奖励制度在当时有很强的激励作用,很快就有一些新的项目诞生了,比如,现在在每个培训机构仍然使用率很高的"盲人方阵""雷阵""孤岛求渡""联合舰队""荆棘排雷"都是在那个时候开发出来的。

这些新项目对拓展训练的发展起到了积极的作用,但是事实上,当时在拓展的初级阶段,研发是弱项,造成这个结果有两个原因:第一是没有研发经验,绝大多数人没有做过科研工作;第二是研发的目标不明确,因此研发的这些项目也是有很大的局限性。当年我们更多考虑的是项目本身的趣味性,至于项目可以达到什么目的,就没有什么考虑了。因此,上述那些项目的创意多数是来自"听说"。比如,有人听说别的培训机构,或者是某个企业做培训的时候做个某个项目,于是在这个基础上开发出一个新的项目。

"雷阵"是一个典型。这个项目是艾煾的一个同学在深圳接受培训的时候做过的一个项目,她听说后,感觉是一个不错的项目,就和一个兼职培训师分享,这位培训师听她讲过后,感觉可以开发成一个项目,两个人就商量好,一个出创意,一个实施,很快这个项目就开发出来了,在试做过几次之后,受到了客户的好评。虽然这个项目最初是来自他人的创意,但是这个培训师在这个过程中付出了大量的心血,特别是他在项目回顾的几个要点上眼光独到,设计出了"团队学习""创新""科学的方法""倾听"等发人深省的回顾点,是这个项目能够成功的关键。2001年,培训公司为上海交大首届EMBA学员做雷阵培训项目,如图8-1所示。

还有"孤岛求渡"这个项目,也是这样来的。"孤岛求渡"现在是拓展训练的集体项目中的一个经典项目,几乎所有的学员做过这个项目后,都会对这个项目留下深深的印象,但它是舶来品,是美国人的创意。1999年的时候,我们曾经给清华大学的MBA班的同学们做过一次拓展训练,这个班的组织者姓贾,做训练时他和他的副院长在美国麻省理工学院访问回来不久,在

图8-1　2001年上海交大首届EMBA学员做雷阵项目

我们交流的过程中，他提到了在那里看到的几个项目，我们的一个项目经理就和他商量，能不能把这个几个项目告诉我们，于是人众人公司花了1000元人民币买回来两个项目的项目书，其中之一是"孤岛求渡"。当时，人众人公司的培训部下辖两个部门：一个是教学部，另一个是研发部。负责研发部的是某个研究所的一个兼职培训师，人很聪明，接过这个项目书以后，进行了几乎是脱胎换骨的改造，形成了今天的这样一种项目的操作形式。由于这个项目操作形式独特，加上大家多年对这个项目内涵的深度挖掘，它成为这几年来以管理培训为培训目标的培训中出课率最高的一个项目。

在当时开发的项目中有两个是我开发完成的：一个是"荆棘排雷"，另一个是"移桩接水"。这两个项目都是我听别人描述后开发出来的。我现在回想起来，事实上这两个项目和前面提到的那些项目可能并不是纯粹的创新，而是学来的，而真正的创新应该是在客户的需求之上的，比如，客户告诉你，我们的企业现在有一个很大的问题，就是缺乏创新的精神，那么，如何用一个项目来体现创新并且给做过这个项目的学员以强烈的震撼和深刻的反思呢？如果在这个需求上，从项目的创意到项目的整个过程完全是我们自己独立完成的，我想才是真正意义上的创新。

但是，无论如何当时激发大家创新项目的办法是恰当并且有效的，除了资金奖励以外，也有精神的奖励。为了上述那两个新项目，我也获得了一个"2000年度技术创新奖"，如图8-2所示。

人众人公司第二次创新的高潮是在2002年。最重要的举措是成立了公司直属的研发部，这个部的总监叫欧闯，从中欧工商管理学院来到人众人公司的。这个部的任务是引进新产品，并大力推进培训课程和项目的研发。自从这个部门成立之后，欧闯单枪匹马干了不少事儿。

图8-2 2000年度技术创新奖

最引人注目的是从丹麦引进了沙盘模拟形式的管理课程（decision-making）并把它改造成适合中国经济环境的企业运营管理课程，取名为"经理人的飞行模拟舱"。这个课程的推出对于人众人公司来说是一个不小的进步，因为这是一个高端课程，它的培训对象是大、中型企业中最高层的管理者和决策者。在这个课程中为他们提供了一个模拟十年企业经营的环境，从产品的选择与更新换代、生产的能力、流程的设计、现金的周转、贷款的使用、库存的解决、营销的策划、售后的服务，直到利润分配和再投入等一个完整的运营过程，让他们按照自己的经验和感觉独自经营这个模拟的企业，从中发现他们在经营管理上的问题并提供有价值的参考意见。这个课程真正体现了人众人公司在管理培训能力上的方位和幅度，同时也转变了在众多企业培训主管眼中人众人公司只能做拓展训练这样低端课程的形象。

还有一件事儿也让人印象深刻，这就是营造创新的氛围和条件。

在以往的创新过程中,缺少一个科学的评价标准,一个项目或是一个课程开发出来了,如何才能检验和衡量它,往往是一两个人凭感觉说了算,但是在欧闯的主持下,一个"课程研发十三步"的规定出台了。

这十三步的具体做法,如图8-3所示。

拓展课程/解决方案/项目开发流程十三步

第一版　2002-02-09

1. 了解客户需求	2. 确定目标客户
3. 产品定位	4. 产品开发预算
5. 正式立项	6. 设计课程
7. 市场推广方案	8. 培训师培训
9. 课程演练/修订	10. 销售人员培训
11. 正式上市	12. 市场评估
13. 课程开发结束	

图8-3　课程研发十三步

我在2001年的时候曾经为爱立信特别设计了一个培训的课程,以后不断地丰富和完善,经过了"课程研发十三步"的每一个步骤,成了一个可以摆放在货架上的产品。

说到这个课程,可谓一波三折,直到今天我都觉得其中有很多值得反思和借鉴的地方。

2001年我调到上海,担任上海拓展训练学校的培训总监。有一次,一个客户经理对我说,他联系的客户有一种特别的培训需求,他不清楚这样一种方式我们能不能做,想请我一起去听一听,然后确定我们能不能做这个培训。

这是爱立信(中国)的销售公司,因为当时爱立信在中国的销售遇到了来自诺基亚、摩托罗拉、西门子、三星,以及国内一些手机生产企业的强烈竞争，并且在当时发生了一起导致爱立信手机销售额大幅下降的火灾。当时有报纸报道了这一事件。

2000年春天，设在美国新墨西哥州的飞利浦公司第22号芯片制造厂遭到雷击，一场大火将这个工厂的主要车间烧成一片灰烬，足够生产数千个手机的8排晶片被烧毁，正在准备生产的数百万个芯片被粉尘破坏，而这个工厂恰恰是为爱立信和诺基亚提供手机芯片的供应商，由于这个意外的事故，造成供货中断。

爱立信的手机生产不能持续，一种非常重要的新款项手机无法推出，市场份额眼睁睁地看着被他人拿走，只好宣布退出手机市场，而这个火灾可能导致爱立信损失4亿美元的销售额。

爱立信正处在一个艰难的阶段，为了改变这样一个被动的局面，当时销售公司的总经理试图通过培训的办法来振奋员工士气，调动大家的工作积极性，让大家理解现实生活和企业经营的复杂性，以及如何面对可能出现的非理性情况。

我们在那个时候并不是特别了解对方公司的这个背景，在到达爱立信公司的时候，两位负责这件事的年轻女士接待了我们，一个是总经理的秘书，另一个是培训专员，她们用了近一个小时的时间来描述她们总经理的设想。大意是说，请我们拓展训练公司设计一个活动项目，要完全模拟他们公司经营过程中的现实情况，从国家的大环境到公司内部的运作都如实地反映出来，并且让所有员工进行角色扮演，让他们分别扮演政府官员、运营商、供应商，以及供应商内部各个职能部门的员工，然后给他们目标，在一个激烈竞争的环境里面观察他们的工作状态，并从他们的工作状态中找到不足，通过大家的讨论分享，以及培训师的总结和提升，使全体员工意识到当前局面的严重性，如果大家不能够团结互助、奋起直追，就有可能在残酷的竞争中被淘汰。这就是总经理的需求。

听完她们的描述，我感到非常突然，我们从未做过这样的课程，况且他们要求两个星期后就要做这个培训。我当时觉得，如果精心地设计一下课程，应该可以达到他们的培训需求。可是，时间太短了，在这样短的时间内完成这样一个项目的设计，我没有把握，于是我告诉她们：我们公司有能力完成设计，只是时间太紧，按照我们公司的课程研发流程，我们需要一个月的时间。因为只有在充裕的时间内才可能有可靠的质量保证，我们不想为了拿一个单子，挣一笔钱，就随便想个什么东西出来糊弄客户，这样既是对客户的不负责任，也会影响我们人众人公司的品牌形象。我于是和她们商议，在这样短的时间内做这样复杂的课程，感觉有困难，我们能不能用我们特有的拓展训练的方式来做这样的课程呢？我们可以保证把总经理的意图在项目回顾的过程中充分体现出来，这样可以大大地节约时间，因为我们只需要对课程的内涵做准备，而不需要对课程的形式重新设计。两位女士听完我们话，也感觉有道理，就去向总经理汇报，听听他的意见。我和我们的项目经理在会议室里足足等了半个小时她们才回来，说总经理想亲自和我们聊一下。我们和两位女士一起走进总经理气派的办公室里，总经理正坐在宽大的办公桌后面训斥他的员工。这位总经理看上去40岁左右，中等身材，胖胖的圆脸，脸色黝黑，表情严肃。他对我们进到办公室好像没有一点儿感觉，甚至连斜视一下都没有，等到他把两个下属打发走，才抬起眼皮看了我们一眼，说："你们是培训公司的？"我回答说："是的。"然后递上我的名片。他没有站起来，只是伸手接过我的名片看了一眼就放在桌上，又说："我们要做一个培训，你们打算怎么做？你讲一下吧。"在他办公桌前有一张椅子，他甚至都没有让我坐下，还是他的秘书说，"请李老师坐下谈吧"。我见他也没有反对就坐下了，我说："贵公司的培训需求，两位女士已经告诉我了，但是我觉得设计这样特别的课程时间有点紧张，我们想用拓展训练的方式来完成这样一个课程设计。"他打断我的话："你们打算怎么做？"我回答说："用项目的方式，首先让学员们做项目，项目完成后再一起回顾，并把贵公司管理层想要传达给员工的……"他再次打断我："行了，你不要说了，我们也经常做团队建设的活动，你说的不是我们想要的，你可以走了。"我当时看着他没有一点表情的胖脸，真是尴尬极了，因为我真的没有想到一个世界著名公司的分公司总经理竟这样待人。我没有说一句话转身走出了他的办公室，带着我们的项目经理径直向电梯走去，当我们快走到电梯的时候，两位女士追了出来，对我说："李老师，请你们再等一下，我们和总经理再商量商量。"我们只好又回到会议室，这一等又是一个多小时，两位女士回来后，我们又开始了新一轮的商讨。那位秘书小姐说："这个课程还是希望你们帮我们做一下，时间的确紧了一点，但是也没有办法，因为我们总经理已经把他的设想吹出去了，他和很多人说，我们要做一次模拟现实中企业经营的培训，如果做的不是这样的培训，那他不是言而无信了吗？所以无论如何也要请你们帮忙，李老师说时间太短也是事实，但是，因为大家都是一种尝试，我们也不会要求你们做到尽善尽美，只要把总经理的意图体现出来就可以了。"于是我说："既然如此，那我们就试一试，但请你们放心，我们一定会尽我们最大的努力达到你们的要求。"

接下来，我详细地询问了总经理的想法，以及公司的背景情况，约好了呈现培训方案第一稿的时间。等我们回到公司已经是下午两点了，中午没有吃饭。

回来后，我用了整整三天的时间，放下所有的事情，完成了课程方案设计的初稿。第四天，两位女士来到太湖明珠，参观考察我们的培训场地。考察完场地，在办公室我向她们展示了这个课程设计的初稿。当她们看完以后，秘书非常惊奇地对我说："李老师，我真没有想到你这样快就做出了课程方案，而且基本上符合我们的想法，真是高效率，这下我有信心了，这个方案的基本框架应该没有问题了，还有些细节需要修改一下就可以了。"

她又提出了一些修改意见，约好下周再一起讨论一次。

最后一次修改课程方案用了整整一天的时间，从早上8点，一直到晚上5点多钟，没有离开会议室，连午餐都是买快餐回来吃的。在午餐的时候，那位老总来看过我们一次，对我说："你们辛苦了，希望再接再厉，无论如何不能出差错。"在说这些话时，他的脸上依然没有任何表情。这一天下来已是疲惫不堪，但是在这一天里，也收获颇丰，学到了很多有价值的东西。首先是这两位女士的敬业精神和认真负责的精神令我钦佩，尤其是那位秘书，她是一个特别关注细节的人，考虑问题十分周到，一丝不苟，在课程方案的每一个细节上她都会考虑再三，并提出中肯的修改意见。有的时候，我都觉得她是不是太细了，比如，她问我培训期间会不会下雨，如果下雨怎么办，你们有什么措施，有什么替代方案或是备选项目？高速路上会不会堵车，万一因为堵车学员迟到了，晚餐怎么解决？我们的员工是不是要吃冷饭了，你们是不是应该和餐厅打好招呼？打招呼的事应该落实在谁的头上？

当时我心里感觉她是有点过虑了，甚至于有点吹毛求疵了，但是，我后来在上海工作的时间长了，发现这真是一个可贵的地方，是一个特别值得我学习的优点。把可能发生的问题想在前面，并且考虑好解决办法，这样做事，虽然前期需要多花费一些时间和精力，但是在实施的时候一般也就没有问题了，因为绝大多数的问题和可能发生的情况早都有预见和准备，所以，一般不会发生"烂尾"的麻烦。

然而我们以往形成的工作习惯是，双方首先确定好大的原则，细节一般不去讨论。作为客户，他认为这都是你应该做好的事，不必刨根问底；作为我们自己来说，也希望把事情办得圆满，但万一与客户发生一些矛盾，那就看我们的态度了，只要虚心接受批评，保证下不为例，客户一般都能谅解，但是，这种做法有时候会带来一些纠缠和麻烦，导致企业品牌和效益的受损。

经过一天的讨论，最终完成了课程方案的设计。

在课程实施的过程中，因为课程方案设计细致，考虑周到，课程进行得十分顺利。当两天的培训结束的时候，总经理对我说："这个课程设计很好，完全达到了我们的目的，我会向公司总部推荐这个课程，建议他们也来做这样的培训。"听得出来，这两天的培训，他是满意的，对我们的工作是充分认可的。培训结束时，我们参与培训的教练和爱立信的学员合影留念，如图8-4所示。

图8-4 爱立信培训完成之后的大合影（第二排右一站立者是作者）

这次培训结束后，感觉这个课程应该有很好的前景，我就把这个课程按照公司课程研发的十三步流程进行了完善和重新包装，配备了课程介绍、销售手册、学员手册、培训师指导手册、课程理论支持手册等一系列的辅助材料，形成了一个完整的课程，我给它起了一个名字，叫"宏观经济圈"。

这个课程在第二年，也就是2002年里一共实施过三次，一次是在上海，一次是在北京，还有一次是在山东。最成功的一次是北京的一次训练课程，这是我在2002年调到广州分公司任培训总监后，为广州做的第一单生意。这是一家叫作施耐德的中法合资企业，它的主要产品是低压电器，效益很好，这个企业非常重视员工的培训，2001年我们在上海时就合作过一次。当时，他们已经连续三年做类似拓展训练的"团队建设"的培训，再也不想重复这个形式了，因此要求上海公司给他们出一个全新的方案。上海公司给他们设计了一个叫"供应链"的课程，并且做得比较成功，双方由此建立了信任。2002年这个公司的培训还希望由我们来做，并且采用一种不同以往的全新的形式，于是我们就推荐了"宏观经济圈"这个课程。参加培训的是上海和北京两个分公司的全体员工，因为这两个分公司的总经理是同一个人，这个人叫朱海。朱海是一个很有一点儿领袖气质的人，他率领这两个公司的员工在北京拓展训练学校的青龙湖基地整整做了三天的"宏观经济圈"的课程。当时是我主带这个课程，在课程接近尾声的时候，朱海对我说："这个课程做得很成功，这些员工在课程中表现出来的行为和我每天在办公室里见到的情况一样，这个课程可以说是为我们量身定做的，当然，我们合作过两次了，你们对我们的企业很了解了。"

这个创新的课程，在2002年总共收益30多万元，是这一年创新课程中创造价值最多的一个课程，因为这个原因，我本人也在2002年年会时获得了人众人公司"2002年度最佳创新个人奖"，如图8-5所示。

在创新上，欧闯除了拿出相当一部分的时间和精力来制定研发规则和激励办法之外，还努力地在训练公司拓展创造一种创新的积极氛围。他当时做了一件在拓展内部非常轰动的事，就是重奖了一个新项目。

图8-5　2002年度最佳创新个人奖

自从他主持了这个研发部后，项目的创新在相当一段时间内没有任何进展，这时拓展杭州分公司的培训总监开发了一个团队合作项目，叫"海峰木塔"，这个项目平心而论也是一个"听说"的项目，因为这个项目在几个学校都做过，但是没有人把它整理出来并作为新项目申报，杭州的这个培训总监把它整理并申报了。欧总监对这个事情非常重视，并且开出了一万元的奖金，奖励杭州这个培训总监。这件事让当时拓展内部的很多培训师感到惊诧，先不说这个项目是怎么来的，仅是因为这个项目还没有体现出它的真正价值就得到这样的重赏，真有点不可思议。当时很多人都指责欧总监不懂拓展，不懂项目，但是我理解和赞同他的做法，欧总监是想通过这样的手段，让大家知道决策层是支持创新的，并且有魄力重奖创新者，因此才会有更多的新项目被开发出来。

尽管他当时掏钱的时候的确豪爽了一些，事实证明这个项目后来也没有被客户接受，但是鼓励创新的态度是无可非议的，而比起有些企业的管理者，嘴上大喊着"支持创新，鼓励创新"，当真的要从自己兜里往外掏钱"支持和激励"时就变成"欧也妮·葛朗台"的那些人强多了。

拓展的第三次创新的高潮是在2004年年初。

在经历了近十年的发展之后，人众人公司进行了一个比较大的组织结构的调整，把"北京人众人拓展训练有限公司"更名为"人众人教育集团"，下辖三个直属分公司：一个是拓展训练有限公司，主管在全国的拓展训练学校和分公司；一个是"管理顾问有限公司"，负责新项目、新课程和新产品的研发；另一个是"事业发展公司"，负责新学校、新公司的开发，与其他组织的合作，等等。

这样一个机构重组和流程再造对于拓展的其他业务来说没有什么变化，但是对于创新来说意义重大，因为拓展终于把"创新"这个悬在空中的口号落到了实处，这是因为有了组织的保障。

成立了研发部之后，从培训的一线选择了几个有多年培训经验、头脑灵活，也愿意做研发的培训师，他们的任务就是根据客户的需要进行课程和项目的研发。前期工作我也参与了，但不久因其他工作就离开了。这个部门的工作成绩显著，相继推出"新人融入课程""领导力课程""沟通课程""组织变革课程""有效的引导技巧"等课程，也有一些创新项目，比如"盲房""七巧板""牧羊"等，尤其是"七巧板"项目，构思巧妙、内涵丰富，与"孤岛求渡"这个项目有异曲同工之妙，成为很多企业管理培训上又一个曝光率很高的项目。由于受到了企业的欢迎，这个项目迅速地传遍了大江南北的体验式培训公司。

这个项目的开发人是一个年轻的培训师，叫刘建，从北京大学毕业之后，就来到人众人公司，做了两年专职培训师之后，由于他的良好表现和研发的潜质，被调进研发部做项目研发工作。"七巧板"是他研发的项目之一，是他对体验式培训的一大贡献。

第三节　创新必须包容失败

回顾了人众人公司在这些年里走过的创新之路，曲曲折折，我觉得有两个大的教训应当引以为鉴。

第一，组织的保障。

自从人众人公司开创了拓展训练这个行业之后，项目和课程创新的压力，就像一柄大锤没有一天不敲打在刘总经理的心头，一直敲到今天。2006年有一次碰到他的时候，谈到创新，他依然忧心忡忡地对我说："现在为期一天的培训越来越多，项目就是'背、断、孤、求'，热身的'团建'方式也用了这么多年了，一点变化都没有，很多企业的员工都做了好几遍了……"事实上，他和决策层也想了很多办法，但是收效甚微，这是为什么呢？我觉得最主要的原因就在于研发和创新缺乏组织的保障。2002年以前，人众人公司只是号召和鼓励大家创新，没有一个专门的机构来管理创新的具体事宜。2002年之后，成立公司直属的研发部，却只有欧闯一个光杆司令，他没有一个兵，每天他把大部分时间和精力放在引进"沙盘"课程和讲授更名为"经理人的飞行模拟舱"的沙盘演练课程这个最重要的事情上。

缺乏了组织的保障，人众人公司创新的脚步就像红军过草地一样地艰难。

在第一次创新高潮的时候，事实上就是大家的一种自愿的行为，按照刘总经理的想法，我反正把钱拍在这儿了，你们拿新项目来换钱吧。尽管当时的激励制度也还吸引人，大家也有热情，但是也没有创造出几个新项目来。

原因很简单，没有专门的研发人员，没有专门的机构来做研发和创新工作，仅仅凭着员工的热情和自发的行为，效果可想而知。

因为创新不是一个只要你勤学苦练就可以做得成的熟练工种，你必须具备某种素质和条件才有可能承担这个工作。如果我们把这些素质和条件罗列一下，我觉得至少有这样一些内容：

有研发的能力（创意、灵感、思维敏捷）；

有充裕的时间；

有机会了解培训项目和课程的信息；

有愿望、有热情做这件事；

有动力，创新的成果有价值的体现。

如果说，这个培训师有这个能力，并且有充足的时间，也有机会碰巧"听说"了什么项目，他又有热情，就有可能把这件事情做成；而且这几个条件缺一不可，比如，如果没有研发和创新的能力，即使有充足的时间，也"听说"过这个项目，也有热情，但仍然创造不出新项目来。人众人公司的培训师大多数是兼职的，他们每个人都有自己的一份工作，只是在周末或休假的时候才有时间来拓展训练学校做兼职培训师，他们的时间被自己的本职工作以及家庭生活和兼职培训师所占用，用来做研发和创新的时间已经是微乎其微了；而专职人员也是每人都有自己的一块工作，在培训旺季的时候，连休息一两天都不容易，就更难抽出时间来创新了。当然，如果能力、时间、想法都有了，但是他感觉创新的激励不够，他也不会去做。

这几个因素里，最重要的是"创新的能力"。爱迪生有句名言："天才，就是百分之一的灵感加百分之九十九的汗水。"其实这是他自谦的一句话。在这句话里"灵感"和"勤奋"所占比例悬殊，于是人们就错以为成功的关键是在勤奋，认为只要你努力耕耘就一定有收获，但是研发这个行业是一个特殊的行业，在这个行业里灵感最重要，如果你只有勤奋而没有灵感，那你一定不适合做这个行业，因为你付出的再多也不一定有收获。

因此，没有一个专门的人来带领一些人进行创新，并且有明确的目标，自然也不会有好的结果。

拓/展/训/练/简/史

我在2000年经历过这样一件事。

我对创新的理解是效率、效益的提高，只要达到了这个目的就是创新。

电网是拓展训练的一个传统团队合作项目，这个项目要求一个队的所有队员在规定的时间内，在身体不触到任何一根网线的情况下通过这张网，如图8-6所示。

拓展训练的第一张电网是刘总经理在创业时亲手用麻绳和彩色的细绳编成的（一个极其粗糙的手工活，但就是这个东西曾让学员激动和震撼，我们曾经几次想把它当文物收起来，但是，我还没有来得

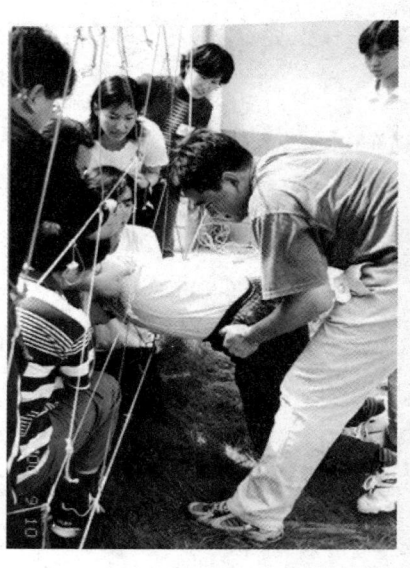

图8-6 学员在做"电网"项目

及做就被调到上海了。王山杉是一个特别有心的人，他用各种方式留下拓展训练在发展历程中的每一个见证，不知这个"电网"是不是已被他收藏）。通常在挂这张网的时候，培训师要花很长时间把每根形成孔洞的绳绷紧，但是学员们在通过网的时候往往会不小心碰到网上，结果网上的绳子就松了，培训师又要花很多时间把它恢复。有的时候，这一个队的学员把网碰坏了，培训师来不及调整，下一个队就来接着做这个项目了，下一个队的培训师不得已先要把电网修复。这是个很麻烦的事，你把这个洞调好，别的洞又不合适了，往往要调整好长时间，就耽误了下一队的训练时间。因为这个事，两个队的培训师经常闹意见，后来的培训师埋怨前面的培训没有把器械恢复，前面的培训师又强调我也没有时间，还赶着做下一个项目。我就想，学员碰网是必然的，耽误时间也是没有办法的事，但是能不能通过改造，消除这些麻烦呢，想了几天后，突然有了灵感，绳子受到拉拽而变形，怎样才能让它不变形呢？如果绳子有弹性不就可以解决这个问题了吗？我想为什么不把这些没有弹性的绳子用松紧带来代替呢？于是我重新编织了一个电网，四周的粗绳用白色的蜡旗绳代替，里面的细绳大部分用松紧带来代替，所有绳子的

联结部位都采用8分的铁垫圈。经过实验，既美观，又实用，所有的问题都消除了，在挂网的时候，只要把四个角的绳子系紧，所有孔洞的绳子就都自然绷直了，而且无论怎样的碰撞都不会变形。这个改造大大地提高了工作效率，避免了培训师之间的争吵，维护了团结，我觉得是一个创新之举，至少也是效果显著的革新。在当年UT斯达康海南三亚300多人培训时，要同时用到8个电网，因为有了革新的电网，没有因为器械的问题而发生教学事故，事后，培训师们都说，"这个新产品真的好用啊！"但是，当我向当时的校长申报这个创新成果时，却遭到了迎头痛击，他不经意地说："这个不算！"我问他："为什么不算"？他没有说出任何理由。

我感到很受挫折，但又无奈。

我知道一个发明，同样的所为，却是不同的结果。

"怎样才能使洗衣机洗后的衣服不沾上小棉团之类的东西？"这曾经是一个令科研人员大感棘手的难题。他们想到过一些有效的办法，但大都比较复杂，需要增添不少设备，而增添设备就意味着既要增加洗衣机的体积和使用的复杂程度，又要提高洗衣机的成本和价格。这些困难令人感到，为解决这么一个小问题而付出那么大的代价未免不值得。

可是，每天都要操作洗衣机的家庭主妇们却为棉团沾到衣服上难以去除而伤透了脑筋。日本有一位家庭主妇，在用洗衣机洗衣服时碰到这种情况，她没有像其他人那样埋怨和发牢骚，而是在想：怎样才可以解决这个问题？有一天，她突然想起幼年时在山坡上用网兜捕捉蜻蜓时的情景，她想，网兜可以网住蜻蜓，那在洗衣机中放一个网洞小一些的网兜不是也可以网住小棉团一类的杂物吗？当科研人员听到她的想法时都认为，这简直太缺乏科学的头脑了，未免把科技上的问题看得太简单了。这位家庭妇女却不管这些科研人员的看法，她利用空闲时间动手做起她设想的小网兜来。三年的时间，她做了一个又一个的小网兜，反复地研究试验，终于获得了满意的效果。小网兜挂在洗衣机内，由于洗衣机里的水使衣服和小网兜不停地转动，水在流动的过程中把小棉团之类的东西带进小网兜，这些东西就被阻隔在小网兜里，而不会再沾到衣服上了。洗完衣服后，只需要把小网兜里的杂物取出而清洗一下小网兜就可以了。这样的小网兜构造简单，使用方便，成本低廉，而且可以长时间使用，它上市后，大受顾客的欢迎。

这位家庭妇女的发明申请了专利，期限为15年，她获得的专利费高达1.5亿日元。

为什么会这样？

关键就在于没有组织的保障，而是一个人说了算，如果我们有一个项目创新的评审委员会，由各位体验式培训专家们做出评价、表决的话，我想大概就不会是这样一种结果了。

第二，创造宽松的、包容失败的文化。

多年前，有一个乡镇企业，产品质量上不去，厂长很着急。为了解决产品质量的技术难题，厂长不得不从外省高薪聘请了两位高级工程师，对产品的新技术进行研发。厂长对他们的要求是：只能成功，不能失败，否则……。两位工程师想来想去感觉像连长命令士兵去炸碉堡，炸不掉就别活着回来，于是，两位工程师就找了个周末悄悄走了，不辞而别，自动地放弃了"高薪"。

厂长的逻辑是，高薪等于必须成功。这可是一个让人啼笑皆非的逻辑。这位厂长显然不知道：技术创新就有可能出现失败，包容失败才是鼓励技术创新的有效手段。没有人愿意冒着"不能失败"的巨大精神压力，去承担可能失败的责任风险。

在拓展训练热火朝天的创新年代，我经历了另外一个事。1993年的时候，我所在的中组部培训中心请来一位加拿大的培训专家来讲体验培训的课程，当时在讲课的过程中，他提到了一个他曾经做过的高空心理挑战的项目，这个项目要求学员登上一根圆木的顶端，大约有10米高，然后从空中跳下来，通过保护装置的减速和制动，最后学员安全平稳地回到地面。我一直想把这个项目实现出来，后来好不容易把这个项目的原理想明白了，就征得了王途校长的同意，着手实现这个项目。所有的器械安装完成之后，我决定用重物做实验，在选择这个重物时，我想它一定要比体重最大的学员还要重一些，这样就可以保证这个项目的安全性。中国成年人的平均体重一般在60公斤左右，我见过一个体重最大的学员竟然达到200公斤。为了让这样一些学员也能够做项目，我想一定要找到一个比他们还要重的物体做试验，如果器械没有问题，那么学员也一定是安全的。可是当时在训练基地里面没有这样的重物，这时我突然想到在大车间的角落里有几个氧气瓶，这可是一个很合适的物体，形状与人的体形差不多，重量也足够了，于是我们把一个氧气瓶搬到训练架下面，大家一起用滑轮把它送上高台，用绳子把氧气瓶和器械连接在一起，再把一根绳子系在氧气瓶的最上端，只要轻轻一拽，氧气瓶就会掉下来。我让所有的人都远离试验场地，并隐蔽在最安全的地方，然后向拽绳子的培训师发出指令。这个培训师在扯动绳子的一瞬间，氧气瓶从10米的高空落下，由于项目的设计原理是正确的，所以重物通过减速和制动掉到地面上已经速度很慢了，只是高台上悬挂重物的三角钢架强度不够，有点变形了。当时我们都很高兴，因为只要重新加强钢架的结构，这个项目就成功了，但是后来因为培训量逐渐加大，所有的人都忙在培训的第一线，就一直没有时间去改进这个项目。

在年底开年会的时候，这个试验被人旧事重提，没有想到的是，我们得到的不是表扬和鼓励，而是批判，两位高层管理者认为这是一个很危险的试验，并想象力丰富地假设："一旦氧气瓶爆炸，有可能摧毁整幢大楼（宿舍楼）。"

当时听了这话先是吃惊，后来又觉得非常失落，能不能"摧毁大楼"不知道，但是以后肯定不能去尝试创新了，否则，又让人抓小辫子了，还是做个老好人吧。

前不久看过一篇文章，是描述华为老板任正非对企业用人的态度，特别是对员工360度评估的评价，他对这个评估体系说"NO！"因为360度考核出来的结论是，老好人得分最高。其结果是，它将引导全公司的人都去做老好人。

华为从创业到今天已经走过31年了，依然前进的势头强劲，而人众人公司只走了16年就消失得无影无踪，这难道和用人策略没有关系吗？

"楚王好细腰"啊。如果企业的高层管理者真正想通过这样的手段而获得技术创新的成果，就必须创造出一种鼓励创新的氛围，保护员工身上本来就少得可怜的一点儿责任感。

从现实来看，任何一个企业具有研发能力又兼具责任感的人是少之又少。在创新的领域里，存在很大的风险，越是勇于承担创新责任的人，就越是有可能失败，越是责任艰巨重大，由此所造成的失败损失程度就越高。创新责任与创新失败之间是正比例的关系，这就像我们常说的那样，干活儿越多的人，出错的概率也越大。不承担责任，也就无所谓的失败。因此，一个鼓励创新的企业，需要建立一种"包容失败"的创新文化，因为创新就意味着可能失败，而包容失败就意味着鼓励创新。

如果企业没有这样一种"包容失败"的创新文化，就没有人愿意主动承担创新的责任，从而导致更大的失败。因此，"包容失败"就成了企业组织管理必须思考的文化建设，否则将无人承担责任——无人承担责任所造成的责任缺失和责任空白，比勇于承担责任而可能出现的失败其后果更加严重和恶劣，因为它直接导致了企业组织责任体系原则的缺失和崩溃。

对于管理者来说，创造"包容失败"的创新文化同样意味着强烈的责任感，包容他人的失败就意味着自己要主动承担责任，因此，当面对某一项创新而需要承担领导责任，需要管理者"决定、拍板、表态、签字"时，同时也意味着你要做好准备去承担可能由此产生的风险和失败的责任。不仅创新是这样，企业的战略决策、扩张兼并、组织变革等情况，都是企业里重大的管理经营活动，都面临可能失败的危险。我们无法想象，假如一个企业不能包容失败，由此导致领导者"不决定、不拍板、不表态、不签字"，不敢承担责任或是拒绝承担责任，其后果将是多么的可怕。因此，当我们说起包容失败时，不是在鼓励失败，而是在鼓励勇于承担责任，避免由此造成的责任缺失。

假如那一天王途站出来说："这个项目的实验是我批准的，所有的责任由我承担。"也许，当年的人众人公司又是另一番风景。

第九章
"拓展"的裂变

9

"拓展"的裂变

第九章 "拓展"的裂变

第一节 经济铁律

> 每个生物在生活过程中，必须跟自然环境做斗争，跟同一物种的生物做斗争，跟不同物种的生物做斗争，其中，以同一物种的生物之间的斗争最为剧烈。
>
> ——达尔文

有一种经济现象在市场上经常发生，当一种新产品问世后，由于它的独特性和唯一性，常常可以获得暴利，但是这不会长久，只要是有利可图的地方，马上就会有大量的模仿者出现，市场上很快就会有相同或类似的产品，这在经济学上被称为"羊群效应"。一旦同类产品多了，暴利就会变成平均利润，再过一段时间，这一类的产品越来越多，就会趋向于微利，甚至无利可图，这是铁一样的经济规律，是不以人的意志为转移的。既然拓展训练也是一种产品，那么也难逃这个命运。

1995年3月15日，"拓展训练"这种成人培训的全新方式在中国出现了，在最初的几年它是独一无二的，因此它的利润也是极其可观的。我在加入拓展公司的1997年，当年的营业额是400万元，第二年就翻了一番，做到了800万元，1999年的时候已经突破了千万大关，做到了1200多万元。2000年的时候居然再创新高，跨越了2000万的高度，而这几年的利润率几乎都在50%~60%。也就是说，2001年的营业额里有1000多万元是纯利润，难怪刘总经理有实力在CBD核心区的现代城一次性购买了几百平方米的办公室。我从上海回到北京办事时，第一次进到这个办公室，刘力总经理对我说："这个办公室也有你一块。"但是从2001年起，这个数字没有再攀升过，一直徘徊在2000万元上下。

是产能不足吗？不是，关键的原因在于竞争对手的大量涌现。

也许有人会说，这不是经济规律吗？既然是规律就一定会发生。我们毫不犹豫地同意这个观点，但是尽管一定会发生，还会有一个来早与来迟的问题，切莫小看了这个事情。有人分析市场的跟进者如何才能追上或超过前面的企业，他们认为：由于在领先位置上的企业具有品牌和其他方面得天独厚的优势，所以，跟进者每多获得一个利润的百分点，就必须付出双倍甚至是几倍的努力。有个网络公司的老总说过这样一件事，他在接手这个公司时，他们的利润只有竞争对手的10%，但是，他认为人要有梦想，只要心中有梦，就有实现梦想的动力，只要努力去干，总会有收获的。为此他大刀阔斧地变革组织结构，不拘一格地启用同样有梦想而且勤奋努力的年轻人，建立健全规章制度，特别是激励机制，在2004年的时候他们的利润已经达到了竞争对手的90%，几乎快追平了。讲到这个骄人的业绩时，他说真的不容易，不但自己呕心沥血，也给员工巨大的压力，所以员工们给他起了一个外号叫"鲁花"，戏称公司文化是"鲁花文化"。什么意思呢？这是一句广告词："鲁花花生油，中国压榨专家"。就是说，对于员工来说，他是专门"压榨"他们的专家。从这个故事看，要追上竞争对手是多么地不容易。

"夫安国家之道，先戒为宝"。意思是说，做任何事，都要先懂得戒备。那么对于拓展训练来说，如果前几年的管理者们在用人这个问题上再多一点思考，多一些办法，那么今天这种"春秋战国，群雄争霸"的局面会迟到好几年，而这几年对于跟进者来说又是横在其面前的几座大山，而今，横在竞争对手面前的只是几个小土包，这几个小土包被跟进者轻而易举地就跨过了。

霍金森是一位英国管理学家，他在管理学中提出一个定律：培养你的助手，不要培养你的对手。

人众人公司的竞争对手绝大部分是自己的员工，是自己培养起来的，然后那些员工们又培养出自己的员工，员工成熟了之后又离开创办自己的企业，再接着培养自己的员工，培养好之后，他们再走。这个情况就好像是细胞的分裂，先是自身复制细胞核，分成两个细胞核，然后细胞中间逐渐生成细胞膜，把两个细胞分开，这两个细胞再重复上面的过程，变成四个，这四个再分裂，变成八个。这种呈几何级数的增长，就形成了今天户外体验式培训市场上群雄逐鹿的"战国时代"。

第二节　第二家拓展公司

人众人公司的第一个竞争对手是"蓝格培训公司"，这个公司的出现是因为拓展的一位兼职培训师。

1998年的时候，拓展的业务量激增，培训师短缺，因为当时招聘培训师的方式主要是熟人介绍，所以刘总经理一方面自己托人找，同时也号召大家推荐。

有一天，会计高婕对我说："给你推荐一个人当教练，你看行不行？"她告诉我，她推荐的这个人是个大学老师，是在路边买菜的时候认识的，虽然了解不多，但感觉是个有素质的人，因为所有在自由市场卖菜的人，无论男女老少都是锱铢必较的，可他却不是，你说这个菜应该卖多少钱，他就答应按这个价钱卖给你。高会计是那种得了便宜心里还不落忍的好心肠，她望着眼前这个身材修长、面色白净、戴着眼镜、透着文化气息的小伙子，怎么看都不像是个卖菜的，很是好奇，就和他聊了起来，于是这个小伙子就讲了一个差点让高会计痛哭流涕的悲哀故事。他说自己是山东青岛人，在一个大学教书，因为爱人是北京人，所以他为了爱情离开了自己深深热爱的教学岗位，离开了让他眷恋的山东老家，只身来到了北京，但是许久也没有找到合适的工作，爱人也赋闲在家，甜蜜的爱情生活遭到了缺少面包的打击，丰满圆润的胖夫人日见憔悴，就像绚丽多姿的牡丹花儿渐渐枯萎，他看在眼里疼在心里，于是毅然决然地丢掉知识分子的臭架子，加入了贩卖蔬菜的大军。听了这一段让人辛酸的故事，高会计的恻隐之心大动，也赶上当时拓展训练的业务在发展，公司缺少培训师，于是就推荐他来公司试一试培训师的工作。

我和这个人谈过之后，感觉他是一个谦和的人，形象也不错，做培训应该是有希望的，就同意他做兼职的培训师了，因为他是来自山东青岛，我就习惯称他为"山青"。

对于山青来说，也可能不是时机，因为他来的时候已经是金秋时节，所以只工作了一个多月就到了拓展训练的淡季了。

拓展这个行业是有明显的淡旺季之分的，因为它是典型的户外工作，北京是一个四季分明的地区，到了冬季，异常寒冷，如果在户外，又赶上"阴风怒号"的坏天气，在户外站一天是要冻死人的。绝大多数企业不会选择在冬季做拓展训练。因此，从每年的11月中旬到第二年的3月份是拓展的淡季，这个时候，我们都是总结工作和内部培训。

平心而论，山青是个很努力也很好学的人，在拓展训练公司的那些日子里，他很快地掌握了这种户外体验式培训的基本技能，通过了考核，成了一名可以带队的兼职培训师。他很珍惜这份工作，因此工作很投入，从最低层次的需求来说，他得到了满足，温饱问题暂时解决了，但是一到了淡季，这个矛盾又凸显出来。

小的时候，看动画片时知道，熊是一种食量很大的动物，但是到了冬天，冰天雪地，它找不到东西吃就会饿死，因此它要在春、夏、秋三个季节里多多地吃东西，积蓄脂肪，把自己变成一个超级大胖子，然后整个冬天就躲在暖和的树洞里消耗身体里的脂肪，直到第二年春暖花开，又有东西吃了，才拖着皮包骨头的身体从树洞里出来觅食。我觉得拓展训练就像一只大黑熊，在旺季的时候，大家必须拼命地工作，大量地积蓄，然后才可能度过没有收入的淡季。可是对于山青来说，他是一只没有来得及吃胖就到了寒冬的熊，他来的时间不长，每月的带班费虽然也不少，但是他要养

第九章 "拓展"的裂变

活一个三口之家还是非常困难。他不可能有积蓄,因此在淡季的时候,他的经济来源又断了,而来拓展做了培训师后已是为人师表,又不可能再去卖菜,那怎么度过这个漫长的冬季呢?达尔文在进化论里描述说,动物的进化法则是"自然选择,适者生存",关键在于应变,而山青的应变之道就是一个字"借"。公司的同事纷纷伸出援助之手,大家都知道他家庭生活困难,帮他一下都是应该的,何况大家都认为,只要明年春天培训量上来,还钱是不成问题的,但是有的时候真是人算不如天算,就在那一年冬天发生了一个"灰色事件",断送了许多人得到还款的希望,也断送了山青在拓展的锦绣前程。

在淡季的时候,一方面我们会做各个部门的工作总结,另一方面就是做培训师的培训。培训师培训的内容分为两个方面:一个是理论的培训,另一个是技能的培训。在那一年我们培训计划之一是进行水上救生员的培训和考核,因为我们拓展的项目构成中有水上项目。在做水上项目的时候,一旦学员落水,培训师必须能够及时去帮助他们,因此要求所有的培训师都要具备水上救生员的资格。这项工作早就布置过,让大家抽时间练习,校方会在淡季的时候安排考核。这次考核每人要交400元钱,如果通过了,校方就给报销,如果通不过,不但这400元钱不给报销,而且还会影响培训师个人的带班机会,因为当时有一条规定,没有救生员资格的培训师是不允许带学员做水上项目的。

山青是个旱鸭子,不会游泳,在他到达海淀游泳馆的时候也没有带钱,因为他确实没有钱,我和王山杉分别借钱给他才报上名。这一次考核一共四项内容:第一项是在5分钟内游完100米;第二项是拖拉一个人游100米;第三项是潜水20米,并在水下捞起一个重物;第四项是踩水一分钟。事实上,如果水性好一点,这个考核并不难,但是对于不会游泳的人来说就可能是一个无法逾越的障碍。山青就是其中之一,如果是参加考核,他一定考不过,但为了生存,他一直在动脑筋逾越这个障碍。在整个考核的过程中,他甚至都没有换泳装,一直躲在后面,而且趁大家专注考核的时候,试图说服一个考官高抬贵手，放他一马，这一切都被生性严厉的王途看在眼里。事后，王途几次对我说："山青这个人的心是灰色的。"我不知道"灰色的心"的准确定义，但我猜想应该是"消极"的意思。也不知道王途为什么会如此定义山青，但我知道一旦山青被定义为这样，他在王途的眼里基本上就被否定了。在开春的时候，培训班渐渐多了，我当时是培训部总监，负责调训，山青积极请战，我也给他创造机会，可每当我把课程安排表呈报当时的校长王途时，就会招来他的怒斥："培训部没人了，非得安排他？"我只好换人，只有在培训师实在安排不开的时候他才有机会，但是对于山青来说，带班就是他的饭碗，没有班带他只能继续借钱，借的多了难免会伤和气，于是流言蜚语不胫而走，在本来简单的培训部造成了一个问题。没有多久，王途和山青一次谈话之后，把山青开除了。

  山青离开人众人公司之后，销声匿迹了一段时间，没有人知道他在做什么。可是有一天中午，大家都在睡午觉的时候，有人在训练场上看到了他，原来他拿了一个小本子正在聚精会神地描绘"电网"是如何编制的。所有人众人公司的人听到这个消息都觉得好笑，并且在年终评选拓展十大笑话的时候，还把山青偷学"电网"编制方法这个事评为了十大笑话之一。我却笑不起来。我知道，如果他要做这个行业，一定可以做成，因为他是一个特别认真而且勤奋的人。在当时所有的兼职培训师里，他是最好学的，我看过他的学习笔记，记得特别详细，我讲过的课，绝大部分他都记下来了，而且他虚心谦和，总是向老一点的培训师请教技术问题，因此，他的进步也是很快的，而且最重要的是，除了这个职业，他还能干什么呢？后来，就听说有了一个叫蓝格的培训公司，这个公司的副总就是山青。有一次我在房山的训练场主持宣传拓展训练的公开课，我的队里有一位来自远大公司的副总，我听他说参加过"蓝格"的培训，就问他感觉怎样，没有想到他竟然对山青好评有加。

第三节 何以铺向全国

在这以后，人众人公司又陆续有人离开了，相当一部分是公司的基层员工和兼职培训师，比较成规模的一次是给北京大学一个企业家短训班培训之后，来自全国各地的小企业主们发现了"拓展训练"这个很是新鲜的"生意"模式，于是他们就向各自的带队培训师摇动橄榄枝，要和他们合伙开展业务，给他们出钱，让他们入伙。这些"寄人篱下"的兼职培训师们突然有机会当老板了，于是"拓展训练"就以指数级的速度扩散到全国广大地区，仅北京一地就突然冒出北京挑战训练学校、北京壹加壹大于贰拓展训练学校、北京阳光现代人培训公司、外企新感觉培训公司、体验大学（因为"大学"在工商局不允许注册，后更名为"标准体验"）、现代经典培训公司等，这些培训机构都是原人众人公司的员工或兼职培训师创建的。这些人的离开，对于人众人公司来说好像并没有什么大不了的，还有管理层的人轻松地说："他们出去对我们有好处啊，社会上太多的人不了解拓展训练，他们可以帮我们做宣传啊！"阿Q精神是也。但是谁的心里都明白，对于人众人公司来说意味着什么，这是一个潜在的危机，一个严重的威胁，一柄悬在头顶上的达摩克利斯之剑，这些机构就像蛰伏在泥土里的"知了幼虫"，静悄悄地在黑暗中积蓄力量，直到有一天他们成长到足够强壮的时候，就会在某个漆黑的夜里，不知不觉地从地洞中爬出来，脱去伪装并吹响攻城掠地的号角。

尽管当时在北京有许多"拓展"公司出现，但是对当时实力强大的人众人公司来说影响并不是很大，因为在这个时候，人众人公司已经从一株"小苗"长成了一棵枝繁叶茂的"小树"。虽然新发芽的"拓展小苗"也要抢夺维系生命的"阳光雨露"，可因为自身的弱小无法与人众人公司争锋。但是在外省市情况截然不同，人众人的分公司进入的时间不长，实力有限，依然是"苗"的状态，除了品牌之外没有其他优势可言，在这样的情况下能够站稳脚跟、维持经营已经是难能可贵了，根本没有抵抗"自然灾害"的能力，因此，当一次"人事大地震"发生在人众人的上海学校时，它直接的结果是——几乎搬空了人众人公司的上海拓展训练学校，直接催生了四五家做拓展训练的公司。

第四节 上海多家拓展公司诞生了

尽管人众人公司是第一个在整个华东地区开展户外体验式培训的公司，但它还没来得及长大，当它的身边又多了几棵幼苗之后，也只能和其他的幼苗分享阳光和雨露了，而没有北京的幸运。

上海是一个经济发展良好，也非常规范的城市，以上海为中心的长三角和整个华东地区的经济都充满了活力，这是人众人公司登陆华东地区的一个重要原因。因为"拓展训练"在当时算是一种比较奢侈的产品，同时也是一种新颖的培训形式，只有效益较好的企业，并且观念超前的企业才可能去做。当时从北京的情况看，愿意参加这种培训的绝大多数是外企。我在上海的时候，有一次接触过一个客户，是一个国企，属于海运这个行业，因为涉外，效益也不错。这个公司的总经理曾经在北京参加过我们的培训，感觉很好，就要求他的HR部门和我们联系做拓展训练。当谈到价格的时候却发生了极大的分歧，他们对价格的期望与我们的实际销售价格有巨大的差距，我们把价格降到了不能再降的地步，他们依然不能接受。HR的经理对我说："你们的培训是很好，但是这个价格报上去之后领导不批准，我们也没有办法，领导的观念不转变，这个事情就做不成。"他承认这是领导观念的问题，也是他苦恼的一个问题。他说，在他们这种单位，领导更重视员工的福利，而不注重员工的培训，给员工培训的费用相当少，而给员工福利的时候却出手阔绰。他说，有一次他们单位因为涉外，所以给所有的员工做一套西装，标准是每人5000元，用最好的面料，最好的服装公司，可是有人提出，这么高档的西装在自己家里是洗不了的，只有送到外面的洗衣店，而外面洗衣店的价格又很贵，员工恐怕承受不了，于是领导又决定每人再发1000元的洗衣费。

为什么每个员工可以发6000元的服装费，而每人几百元的培训费会舍不得？我想这一定是管理者的问题，是国有企业管理者的管理思想问题。

但是，上海的外资企业很多，如果把分校开到上海一定会有很好的效益。

王途是一个很能干的人，也是特别能吃苦的人，于是人众人公司的上海众拓管理培训公司以极快的速度在上海出现，半年的时间已经完成公司注册，组织结构也陆续健全了。王途当年在商学院做团委书记的时候有一个学生叫艾晓晓，是上海人，所以王途到了上海后做的第一件事就是把她招到麾下。这是一个特别能干的女孩儿，做事果敢干练，她的父亲是山东人，母亲是上海人，她同时具有北方人的强悍和南方人的精明，她跟着王途在上海学校先做了一段时间的行政管理，后来做了销售部的总监。这么多年过去了，再看后来所有担任销售总监一职的人，真的没有人在这个职位上超越她。另外，又从北京派去了一个叫卫华的人，他是公司第一次从社会上公开招聘员工的时候从林学院（现北京林业大学）招来的，具有研究生学历。卫华进入人众人公司是跟着刘总经理在事业发展部，上海公司做起来之后，因为王途的孩子小，不能总待在外地，必须有一个能够领导上海分公司又能够长期待在外地的人，卫华没有小孩儿，夫人可以跟到上海去，这是一个有利条件，但是更重要的是，刘总经理对他的能力和忠诚深信不疑，因此，很快就把他派到了上海。

此时上海的训练基地已经建好了，这个拓展训练的基地坐落在美丽的太湖之滨的太湖明珠度假村之内，背靠青山，面临浩瀚的湖水，风光秀丽。这个度假村是当地的一个企业经营的，后来被中国青年旅行社控股，因为当时很多人众人公司的股东和管理者都是毕业于北京师范大学，而恰巧中国青年旅行社的老总是他们的一个校友，因此人众人公司能以很优惠的条件在这里修建培训场所。这个培训场所在当时是整个华东地区第一个户外体验式的培训场所，

拓/展/训/练/简/史

其中有整个华东地区第一个凌空而起的训练架，这个高高竖立的大架子，标志着人众人在包括上海在内的华东地区的市场上已然占了先机，如图9-1所示。

图9-1 上海训练基地的训练架（右图为作者与法国只有一条腿的"硬汉"〈他的左腿是假肢〉攀爬天梯并登顶）

当时在上海有不少培训公司和管理咨询公司，但大多数都是以室内课程为主，最多在课程中穿插一些小游戏而已，而这种以户外体验式培训的拓展训练，只有人众人公司一家。

2000年5月13日，上海众拓管理培训公司正式对外营业。

2001年年初，我被调到上海，任北京拓展训练学校上海分校的培训总监。在上海的时候，我对这样的一种优势深有感触，在一次员工大会上我讲过这样一段话：在上海我们是第一家户外体验式的培训公司，这对于拓展训练这个项目来说已经是抢占了先机，但是我们必须更加努力，因为竞争对手很快会成长起来，等到有一天上海地区的"大架子"（综合训练架）越来越多的时候，我们拼的将是我们的内在素质，也就是培训的质量。这次会议后不久，这个局面被我不幸言中了。

这一年年中的时候，我在基地刚刚做完一次培训，在晚饭后休息时，和几个培训师打乒乓球，就在这个时候，有个培训师告诉我，说他偶然听到一个消息，有朋友告诉他说艾晓晓和卫华已经在注册公司了，他们俩准备自己干。我听后非常震惊，也意识到了这个事情的严重性，因为当时卫华已经是

第/九/章/"/拓/展/"/的/裂/变

上海拓展学校的副校长，艾晓晓是销售总监，他们掌握着主要的客户资源，如果他们两个一边享用着人众人公司的资源，一边为自己谋利，或是策划着离开公司，都将给诞生不久的上海人众人公司以沉重的打击，因此我一分钟都没有耽搁，立刻打电话向刘力总经理汇报了这件事。

第二天，人众人公司的管理层——刘总经理、杜总裁、王途、王山杉几个人齐刷刷地飞到了上海，在一个叫"绿叶"的酒店，刘总经理精心安排了和卫华的一次谈话，他叫我们所有的人在一个房间里等消息，自己把卫华约到另一个房间去谈。这个谈话持续了几个小时，直到凌晨刘力总经理才回到房间。他对我说，决定让卫华离开了。他说话的时候很平静，除了略显疲劳之外，没有任何愤怒的表示，他说卫华太想挣钱了。当时王山杉也在房间里，他拿出了一个手机，是爱立信专为户外运动设计的一款手机，说这是一个叫Stephen的新加坡人送给他的。他说卫华也有一个这样的手机，也是Stephen送的，因为卫华刚刚和Stephen有过一次合作，请他们公司给人众人公司的培训师教练户外技术。刘总经理对王山杉说："把手机给我，兴许有用处。"

当天晚上，为了公司的安全和利益，当时的校长兆卫责成手下员工把办公室的门锁全部换掉了，当卫华和艾晓晓与刘总经理谈完话后，想要回到办公室时，没有能够进去。

第二天的上午，在人众人上海公司的办公室里卫华和艾晓晓来交接工作，卫华的夫人也陪着来了。他们把公司的笔记本电脑和所有客户的名片拿出来，交给了兆卫，这个过程只有几分钟，交完之后，脸色灰暗，低着头急匆匆地就向外走。就在这个时候，刘总经理高声说："你们等一下，我还有几句话说。"两个人都停下来，刘总经理指着办公室里的桌椅对所有人说："大家都坐下来吧。"这十几个人就各找椅子坐下了，安静下来后，刘总经理对卫华和艾晓晓说："事情到了这个地步，你们说说吧，是什么原因？"两个人似乎什么也不想说，沉默了几分钟后，卫华的夫人率先发言了，她慷慨激昂地说了十几分钟，把所有的责任归咎于人众人公司，指责人众人公司不会用人，说卫华是个很聪明的人，公司却不用他。态度强硬且非常气愤。

刘总经理听完了他们的话,开始解释这一切是因为什么,尤其是在卫华的工作安排上,公司的管理层是如何考虑的,可说着说着他突然激动了,指着自己的头说:"我这是干什么?我都五十多岁的人了,头发都白了,我是为什么?"在那一刻他哭了,声音哽咽,泪水夺眶而出。他说不下去了,房间里一片安静,有些人跟着也哭了。和刘总经理认识有十几年了,我从来没有见过他这样激动,甚至会哭。他在我心中虽然不是那种硬汉的形象,但也是意志坚强的人,如此的伤心落泪我从未见过,甚至没有想象过。今天我见到了,但是让我感觉心里很不自在,我不知道他为什么会如此地动情,值得吗?我是一个易动感情的人,然而今天,我没有觉得这是一件让我感动的事。

不到一分钟的时间,刘总经理控制住了情绪,恢复了平静,对卫华说:"人众人给你这么好的机会,这么大的发展空间,你为什么要做那样的事?"卫华听到这个指责,赶忙矢口否认,并且反问刘总经理:"你们有什么理由说我,有证据吗?"听到这句话,刘总经理从包里拿出那部Stephen送给王山杉的手机,义正辞严地大声说:"人众人也有别人得到这样一部手机,但是交公了,你是不是也有这样一部手机?我们已经掌握了很多情况,难道还要我们都说出来?"卫华看到这部手机后,目瞪口呆,似乎被惊到了,一言不发地低下了头。事实上,仅凭这部手机作为呈堂证供并没有什么说服力,但是不知道为什么,卫华看到这部手机以后竟然一句话也说不出来。这样的反应,令人遐想,这里面一定会有更多不为人知的隐情。

此时,卫华就像一只斗败了的公鸡,胖胖的圆脸上全是沮丧的表情,低头不语。刘总经理看着这个完全丧失了战斗力的"对手",突然缓和了口气,语重心长地对他说了一句让当时所有在场的人都没有想到的话,他说:"即使是这样,人众人公司还是衷心地希望你能留下来。"话音刚落,杜总裁马上也轻声跟了一句:"我也是。"此时房间里所有的目光都投向卫华,等待他的反应,可他一句话也没有说,站起身来就向门外走,艾晓晓和他夫人也起身随他而去。刘总经理见他们要离开办公室,着急地对卫华说:"你这算是对我的回答吗?"卫华听到后,头也没有回,只是停下了脚步,手握着门的把手说:"我得想一想,下午给你答复。"说完,他拉开门,几个人匆匆离去。

刘总经理陷入了焦急的等待中,他心神不定地和这个聊几句,又和那个聊几句,午饭也没有心思吃了。下午4点多钟的时候,卫华给刘总经理回了电话,表示愿意干下去,不离开人众人公司了。

卫华和艾晓晓答应留下了,可新的问题又产生了,作为留下的条件,卫华坚决不同意继续在兆卫的领导下工作,也就是必须让兆卫离开,他们两个才同意留下来,因为卫华和艾晓晓把此次消息的泄露全都归因于兆卫的所作所为。

他们原以为自己秘密成立公司的事人不知鬼不觉,但是怎么会突然就让刘总经理知道了呢?他们想破了脑袋也想不明白究竟是为什么,于是他们把消息泄露所有的可能性都归因于兆卫,他们猜测是兆卫在卫华的车上安装了窃听器,所以知道了他们的计划和其他一些事实。他们认为只有这样一种可能,因此对兆卫满腔怒火,指责兆卫是卑鄙的小人,不懂管理和经营,他在上海学校经营管理上的种种策略都是不恰当、不符合实际的,并且听不得不同意见,极大地挫伤了他们的工作积极性,如果兆卫不离开上海,他们就没有办法干下去,云云。

他们的义愤填膺,迫使人众人公司的管理层做出了这样的处理决定:兆卫立刻调回北京,卫华接任上海拓展训练学校校长的职务。

兆卫在办公室里暴跳如雷,冲着刘总经理大喊:"你也别为难,你要留他,我就离开人众人,你不用管我,我去哪儿都行。"

可怜的刘总经理刚刚按住了这个,那个又跳起来了,急得一脸的无奈,使劲地解释来,解释去,后来,不知他用了什么手段,最终还是成功地平息了兆卫的怒火,把他也按住了。

卫华升任校长之后,召开过一次上海学校的全体员工大会,在这次大会上,他简短地讲了几句话,表达了三个意思:第一是要求大家继续努力工作;第二是告诉大家,"我不会经常待在办公室里,但是我的手机24小时开机，大家有事打我的手机"；第三是到年底多多给大家福利。

在后来的小半年里，他果然是很少在办公室里，大部分时间都在外面，没人知道他在做什么，每天早上来到办公室后马上拉着艾晓晓就出去了，差不多到下班的时候才回来。

2002年年初，我调到广州，任广州拓展训练学校的培训总监，和另外两个北京来的同事负责开拓广东的市场。在广东我们完全是白手起家，回想起那一年，真是辛苦，但是我们也取得了很好的成绩，当年收回投资，并且有了利润，更重要的是建立了一支队伍，在竞争激烈的珠江三角洲地区又树起了一杆人众人公司的大旗。

在这一年8月份我被调回北京，在公司的研发部工作。

有一天下午王途把我叫到刘总经理的办公室，刘总经理有几分严肃地问我，是不是和上海的几个兼职培训师很熟，关系如何？我实事求是地告诉了他们之后，王途告诉我上海又出事了。

上海有一个会计，在我的印象里他是一个老实本分、业务熟练的年轻人，他给公司的财务总监汇报工作的时候讲了一件事，说前不久上海所有的员工在一起吃饭，饭后，大家有的回家了，有的去打保龄了，卫华、艾晓晓和三个兼职培训师一起去了酒吧，大家喝了很多啤酒，艾晓晓对其中一个兼职培训师说了许多要走的话。这个培训师就把艾晓晓的话在其他培训师中传开了，三传两传就到了这个会计的耳朵里。

刘总经理听了这样的话，就找来王途商量对策，后来决定，这件事是不是真的都要去一趟，因为上海的情况不是很好，于是派王途和我第二天一早就飞去上海。

为了避免打草惊蛇，走漏消息，我和王途商量好，去找我们都感觉还可靠的家住苏州的基地主任华沉了解情况。华沉应该是知情最多的一个，和我的关系也好，所以下了飞机后连机场都没有出就直接乘大巴车赶到苏州。

和王途商量好，我借口出差恰好路过苏州，把华沉约出来吃饭。也恰好那天他在家休息，我就把他叫出来，我们边吃边聊。华沉对卫、艾两人在

第九章 "拓展"的裂变

上海学校的经营管理也有很多意见,并且告诉我很多他们在工作上出现的问题。他的愿望很实在,特别希望人众人上海学校能够顺利发展,显然他没有跟卫、艾两人走在一起。所以,我就把来沪的真实目的告诉了他,并且把王途也叫过来了。

我们继续谈了一会儿,华沉告诉我们,艾晓晓在酒吧说的那些话是一个兼职培训师告诉他的,他又把这件事告诉了会计。恰好这个兼职培训师明天要来苏州,王途就让华沉给他打电话,约好明天在苏州请他喝咖啡。我当时觉得这个做法不妥当,恐怕会走漏风声,但是王途固执地坚持自己的意见。我有一种感觉,担心这个电话会坏事,果然,这个感觉被后来的结果证实了。

这个兼职培训师是我上一年在上海任培训总监时把他招来的,他最初是学游泳的,在专业队干过,大学毕业后在上海理工大学当老师,他原来在游泳队的一个队友在北京做我们的兼职培训师,我来上海后,他的这个队友就让他来找我,我觉得他各方面的条件都很好,就安排他做了上海的兼职培训师。这个小伙子很机灵,爱学习,人也本分,在培训上很下功夫,时间不长,已经成为一名合格的拓展训练的培训师了,在当时上海拓展训练的兼职培训师队伍里,他是比较优秀的培训师之一。

第二天,我们在苏州闹市区一家咖啡厅见到了他,但是,令我们很是失望,他说了那天晚上去酒吧的经过,比如,大家为什么会去酒吧,都有什么样的人一起去了,大家都聊了些什么,等等,但是我们最想听到的却没有听到。他说,艾晓晓好像说了些这样的话,但是他已记不清楚当时的原话了。

第二天,在我们准备离开苏州回北京的时候,我接到上海公司的销售经理王媛打来的电话,问我是不是已经在上海了,我说:"你怎么知道?"她说:"上海人众人公司的每个人都知道了,我怎么会不知道?是卫校长给我打了一个电话,说你和王途已来到了上海,所以他们准备另起一个公司,问我要不要跟他们走?"这个突如其来、令人震惊的消息,让我们确认了这样的一个事实,就是卫、艾已经知道了我和王途来苏州的事,也预感到了什么,所以立刻做出反应。他和艾晓晓给当时人众人上海公司的每个员工打电

拓/展/训/练/简/史

话说: "我们准备另起炉灶了,要不要跟我们走?"

我和王途听说了这件事后,面面相觑: "他们怎么会知道呢?"王途不停地问我,我也不知道怎么会发生这样的事,但我心里强烈地预感到,就是那天晚上打的那个电话出事了,而且一定是那个兼职培训师把我们到达苏州的事透露出去了。

从后来形势发展的事实来看,他们的离开是迟早的事,因为他们已经做好了充分的准备,即使我们没有出现在苏州,他们最迟也会在来年的年初提出辞职的,因为这样的一种离职方式在人众人公司已成为一个规律了。始作俑者是北京拓展训练学校的一个销售,从她那时行为表现的种种迹象来看,都已是在精心准备着离开了。这个人也是人众人公司第一次面向社会公开招聘时进入拓展行列的,人很执着,也有灵气,一直做拓展训练的销售,积累了大量的客户资源。就在她准备离开的那一年,兆卫对我说: "看到了吧,她已经准备离开了,你看她明显地业绩一再下降,这两个月都是旺季,没有道理连个正经的单子也没有,明明办公室里给她配有电脑,还自己买了个笔记本,把很多培训方案、制度规定都复制了,这就是信号,她现在没有提出走人,就是在等着兑现销售提成呢,如果我要是刘总的话,现在就请她走人,我跟他(刘总)说了,他还不信。"兆卫果然心明眼亮,第二年年初,她拿到了销售提成后就辞职了,然后和一些兼职培训师一起成立了一家叫"壹加壹"的拓展训练公司。在她之后,又有两个销售员和她的做法如出一辙,在2002年年初拿到了销售提成后跑掉了,组建了一个叫什么"外企新感觉"的拓展训练公司。

尽管他们已经做好了准备,也还是要等到来年年初兑现了奖励才会行动的,但是,我和王途在苏州的出现打乱了他们的原定计划,迫使他们不得不提前采取行动了。

接下来,他们开始说服所有当时在上海拓展训练学校的有价值的员工,并承诺:凡是跟他们一起走的人都将有很好的待遇,保证比在人众人公司的工资要高,并且给兼职培训师的带课费比当时人众人公司最好的兼职培训师的带课费还要高出50%。于是几天之内，大批员工和他们一起离开了，他们成立了一家叫"行动者"的拓展训练公司，与西山岛上的上海工人疗养院合作建设了一个训练场所。实际上，他们等于搬走了一个学校，从组织机构的每个层级和职位来看，是很完整的，校长、销售总监、销售冠军、副培训总监、一个专职培训师、十几个兼职培训师，从最高管理者到销售和培训两个部门都有人，而且都是当时人众人上海学校里能力最强的人，还有培训场地那边的合作伙伴。由于他们早已做好了必要的准备，又搬走了一个完整的学校，还掌握了大量的客户资源，因此，在这一年的最后一个季度中他们的销售额竟然达到了100多万元。这个辉煌业绩的取得，不知他们会不会总结一下成功的原因，但我觉得这一切他们都要感谢刘总经理去年的一句话："即使是这样，我还是衷心地希望你留下来。"就是这句话，让他们有了喘息的机会，才得以成功地渡过了当时的危机，并做好了另起炉灶的充分准备，才会有这个百万元级的收入。

而我和王途因为这个突如其来的变故无法再回北京了，于是临危受命，留下来，在残砖断瓦的废墟上重建上海拓展训练学校。

在这一年年底公司中、高层的总结大会上，刘力总经理说："这件事儿的处理上是我错了，卫华踏踏实实地给我上了一课，我会找个没有人的地方反省去，并且真心地向在这个事情上受了委屈和某种不公正待遇的兆卫、李冈豳、王谋表示歉意。"说完这段话，他站起身，当着几十号当时人众人公司中层以上的管理者，向我们三人分别鞠了一躬。

第五节　分裂的是与非

在写这一章之前，思考了良久，如果仅仅是陈述一个事实，记录一段历史，我觉得意义不大，但如果能从这其中发现一个借鉴，受到一种教益，推导和归纳出一些对朋友们有用的经验教训，才会使上面的故事升华出"意味深长"的启发和联想。

可是，一时又很难从中理出个头绪，因为很难简单地说谁对谁错。许多员工离开人众人公司，带走了技术和经验，创办了很多的拓展训练公司，把一个企业发明的一个产品变成了一个行业，这究竟是好事，还是坏事？如果说这是好事，可它的确给人众人公司带来了不可估量的损失；如果说它是坏事，却明明有很多的中小企业有了从中受益的机会。员工离职这样的事情，如果站在人众人公司的角度来看是糟糕透顶的事，因为多了一些竞争对手，可是如果站在员工的立场上看，这不是很正常的事吗？我凭什么要一辈子都给你们干？你刘总经理可以学别人的技术开自己的公司，我为什么不能学你们的技术开自己的公司呢？如果从企业创造利润的角度看，一个独享的市场被瓜分了，但是从市场发展的角度看，一个行业繁荣振兴了。

为什么会有这样的事情发生，它是正常的吗？如果是正常的，难道说每一个企业和组织都必然要经历这样成长的痛苦吗？

是卫华和离开的员工缺乏企业忠诚度，或是人品有问题吗，还是所有企业肌体都难免发生"企业感冒"？

这样的一种分裂的速度对于户外体验式培训这个行业来说，究竟是好事还是坏事？从企业稳健发展的角度看，这是必然还是完全可以避免的损失？

一直没有想明白，直到前些日子在上海主持一个大企业的年会，遇到一个来自杭州的年轻的拓展培训师，他的一个问题给了我很大的启发。他问我："李老师，你说这个行业为什么大家在一起总是干不长久？我自己进入这个行业后，见过很多拓展训练的公司才一两年所有的骨干就跑光了，我在一个公司干过，没多久，我和几个骨干同时辞职了，后来我自己开了公司，也经历了这些，跑的只剩下我一个人，是不是做这一行的都是这样啊？"听了他的问题之后，我先是愕然，因为我不知道还有这样多的公司经历了员工流失的不幸，这让我想起了一句话，"每个生物在生存的过程中，必须跟自然环境做斗争，跟同一物种的生物做斗争，跟不同物种的生物做斗争，其中，尤以同一物种的生物之间的斗争最为剧烈"。

第/九/章/"/拓/展/"/的/裂/变

当时没有认真地去想这个问题,就很快地回答他说:"员工的流失与这个行业是没有关系的,而是与这个公司的所有者,也就是老板直接相关。"

后来,又长时间思考了这个问题,我觉得这真是一个不能用简单的"对"和"错"来表达的问题,也不是某个人的问题,因为无论你站在哪一方的立场上都会觉得他是有道理的,而你只有站在各个角度上去思考,才有可能得到全局和整体性的判断。

拓展训练从人众人公司的一枝独秀到全国拓展的百花齐放,至少可以从两个不同的角度来分析和思考。

第一是从宏观经济的角度,也就是说站在国家和社会进步的角度上看,这种扩散是好还是不好?

若要清楚地说明这个问题,就要回放历史,追溯到120多年前的一个法律的诞生,这就是1890年美国政府颁布的《谢尔曼法》(Sherman Act)。

为什么美国政府在100多年前会颁布这样一个法律呢?是为了限制企业的垄断经营的行为。限制谁呢?标准石油公司。这是一家由曾在干货店当过小伙计的D.洛克菲洛1870年1月10日在俄亥俄州创建的公司,公司的名字是为了标榜该公司出产的石油是顾客可以信赖的"符合标准的产品"。经过十几年的经营,"标准石油"成为有史以来最为强大的垄断企业。到1879年年底,"标准石油"作为一个合法实体成立刚满9年时,就已控制了全美90%的炼油业。自美国有史以来,还没有一个企业能如此规模地独霸市场。

1882年,洛克菲勒在他的律师多德首度提出的"托拉斯"这个垄断组织的概念指导下合并了40多家厂商,垄断了全国80%的炼油工业和90%的油管生意。1886年,标准石油公司又创建了天然气托拉斯,并最后定名为"美孚石油公司"。1888年,公司开始进入上游生产,收购油田。1890年,标准石油公司成为美国最大的原油生产商,垄断了美国95%的炼油能力、90%的输油能力、25%的原油产量。标准石油公司对美国石油工业的垄断一直持续到1911年。

就这样,以标准石油公司为首,美国历史上一个独特的时代——垄断时代就此到来。托拉斯迅速在全美各地、各行业蔓延开来,在很短的时间内,这种垄断组织形式就占了美国经济的90%。

在国际市场上,标准石油公司也迅速取得了支配性的地位。19世纪80年代,由于美国的工艺使标准石油公司的产品优于欧洲人的产品,因而标准石油公司赢得了欧洲大部分地区的煤油市场。在19世纪70年代和80年代,煤油出口占到美国全部石油产量的一半以上。从价值上说煤油占美国出口货物的第四位,在工业制品中占第一位。欧洲则是它的最大市场,而其中至少有90%的出口煤油是经过标准石油公司之手出去的。

西方古典经济学的鼻祖亚当·斯密曾经说过:"生产同类产品的企业很少聚集在一起,如果他们聚集在一起,其目的便是商讨如何对付消费者。"

1879年美孚石油公司即美国石油业第一个托拉斯的建立,标志着美国历史上第一次企业兼并浪潮的开始,托拉斯从而在美国成为不受控制的经济势力。过度的经济集中不仅使社会中下层人士饱受垄断组织滥用市场势力之苦,而且也使市场普遍失去了活力。在这种背景下,美国在19世纪80年代爆发了抵制托拉斯的大规模群众运动,这种反垄断思潮导致1890年《谢尔曼法》(Sherman Act)的诞生。

于是标准石油公司成为美国政府反托拉斯的头号打击对象,作为"进行欺诈、高压、行使特权"的代表,首当其冲受到批判。1890年,美国政府颁布《谢尔曼法》,美孚石油托拉斯不得不解散。

《谢尔曼法》是世界上最早的反垄断法,也被称为世界各国反垄断法之母。美国最高法院在它的一个判决中指出了谢尔曼法的意义,即"谢尔曼法依据的前提是,自由竞争将产生最经济的资源配置、最低的价格、最高的质量和最大的物质进步,同时创造一个有助于维护民主的政治和社会制度的环境"。

因此,站在市场经济角度看问题,我们就知道,不断出现的拓展训练公司会形成对人众人公司经营上的压力,那么人众人公司要想有生意做,就必须不断完善自己的产品及服务,不断地创新,拿出新的产品,否则,我们中国人讲的"店大欺客"的事情就会发生了,事实上已经发生了。

人众人公司在初期有一个客户,这是一个实力雄厚的外资企业——中美史克制药企业,与人众人公司合作了很多年,但是后来,这个企业对人众人公司,特别是对人众人公司的北京学校产生了很多的意见和抱怨。这个企业的培训非常正规,专门的培训专员就有好几个,还有很多兼职的培训员,其中有一位是专门负责把企业的需求结合体验式培训来实现的,她姓黄,是一位对现代培训很有研究,也有丰富授课经验的企业内部培训员。2001年的时候,我已经调到上海拓展训练学校,担任培训总监。有一次黄专员到上海来给他们企业的客户做一次培训,选择我们上海拓展训练学校做这次培训的供应商,她非常重视这一次的培训,她要把她的培训需求,也就是她所在企业希望通过此次培训传递给他们的客户的几个理念,比如"双赢"等传递给我,并通过我把这些理念转化成具体的培训形式再布置给带队的培训师。

我们约好在南京路上一个装修别致温馨的咖啡厅见面。那一天下午,我们在那里坐了很长时间,其实正事没用多少时间,但她和我讲了很多对于人众人公司的抱怨,原因在于2000年他们的企业与人众人公司的一次合作。

当时,她所在的那家美国公司"史克必成"与另一个英国的制药企业"葛兰素威康"用了一年的时间,完成了价值760亿美元的强强联合,成立了新公司。新公司的市值超过1150亿英镑,成为全球制药行业里最大的企业,但是因为这两家公司的企业文化不同,要想在短时间内产生出预期的效益,只有通过文化的力量,因此,他们想通过一次文化整合的活动使两个公司的员工能够统一在新公司的企业文化之下。

这次的活动耗资巨大,仅是用来做培训的四方立柱型的攀岩墙(见图9-2),就高达60多万元,加上400多名学员的食宿、交通、培训、娱乐等费用,足足花费了近200万元。投入这么多,可见他们希望达到此目的的决心。为了让人众人公司的培训师们清楚地了解培训需求,黄专员和她的同事们一起不辞劳苦地写出了培训的教案。事实上,写教案都应该是乙方培训部的事,企业只要把培训需求与培训公司说清楚,如何设计和实施培训课程就

拓/展/训/练/简/史

图9-2　中美史克制药企业培训用的攀岩墙

是培训公司义不容辞的责任了，可黄专员她们担心人众人公司的培训师们没有这个时间，当然也不一定有这个能力，就替人众人公司做了这件事，并且要求我们把这个教案发给各个带队的培训师。培训师也就不用再花时间自己写教案了，而只需要把这个教案的内容背下来，在培训的过程中用我们培训师的嘴把新公司的文化理念传递给学员即可。但是，她发现在培训实施的过程中没有一个培训师使用这个教案，更没有讲出这个教案核心的企业文化理念，也就是说，黄专员她们煞费苦心做好的这个教案，整个被弃之如敝屣。

这个事情发生之后，他们是又生气又无奈，黄专员和我说："知道你们忙，担心你们没有时间好好准备教案，我们把教案给你们准备好，你们就花点时间看一看、背一背，可连花这一点力气都做不到，起码的责任心都没有。"她还说："我们从来没有在价格上和你们计较，基本上是你们说了算，可花了那么多的钱，还达不到效果。坦率地说，我们对人众人公司提供的产品和服务极不满意，我们也非常想换一个供应商，但是在当时整个培训

第九章 "拓展"的裂变

市场上找来找去，也没有发现一个比你们人众人公司更合适的供应商了，所以，没办法还要找你们，只是降低期望值，你们做好活动，我们来想别的办法分享。"

当时的情况的确是这样，拓展训练这样一种户外体验式的培训形式在中国发生才几年时间，市场还处在卖方市场，也就是说市场的求大于供，即使是客户已经伤心到了这个地步，他们也没有办法。于是，黄专员一脸无奈地说："在没有更好（供应商）的时候，也只能和你们人众人合作下去了。"

但是到了现在，仅仅是在北京的市场上就有了大大小小几百家户外体验式的培训公司，还不断地有闻到香味的人闯进来分一杯羹。市场的格局在变化，从求大于供已渐渐转变成供大于求，客户也从不得不买一种产品到了可以理直气壮、从从容容地百里挑一了。在这个市场上，残酷竞争的大幕正在徐徐拉开，一个企业要想生存下去，只有老老实实地按照客户的要求完善自己的产品，别无它途。

如果没有分裂，没有竞争对手，人众人公司可能在某些情况下仍然会做出"店大欺客"的事情，"拓展训练"这个产品质量的提高可能依然是蜗牛速度，但是当客户有了比较，有了选择，迫使人众人公司不得不放弃定价时的随心所欲，不得不花更多的时间和金钱来提高这个产品的质量和服务，这也就是刘总经理和杜总裁把拜访大客户作为自己最重要的工作之一的根本原因。同时，为了维系生存，或是为了早日赶上和超过人众人公司，竞争对手们也都小心翼翼地经营，努力推出高质量的产品和服务。

这种情形有两个好处：

第一个好处是，有助于"拓展训练"这个产品的进步和完善。

众所周知，当一个企业或一个产品处在完全没有竞争状态下，它的进步是缓慢的、被动的，只有当竞争出现之后，企业才会感到生存的压力，才会有危机感，才会回过头来审视和检查自己的产品，发现它的缺陷，找到它的不足，并主动积极地投入时间和精力来改进和完善它，让它各方面的性能超过竞争对手的产品，或是更好地满足客户的需求。恩格斯说："一次战争的发明，比十年的科研成果还要多。"就是因为有了竞争，有了生存的危机，才有了推动产品进步和发展的动力。

在拓展训练还没有遇到实质上的竞争时，拓展训练这个产品的进步也是缓慢的。

第二个好处是，更多的企业和组织从拓展训练之中受益。

在没有竞争对手的时候，人众人公司对于拓展训练参训价格的制定随心所欲。北京拓展训练学校刚刚成立的时候，刘力总经理也不知道给这样的培训定个什么价格才好，因为是否有人愿意来做这样一种培训也还是个未知数，更不要说制定什么价格体系了。所以，新华社龙门训练场地建好后的第一个培训班居然是做完培训后让客户"看着给"。

人众人北京学校的第一个培训班不是纯粹的市场行为，因为在开业的时候，没有人知道拓展训练，没有人知道这种登高爬梯的活动有什么意义，所以没有一家正规的企业愿意冒风险来做试验品，以致"学校成立半年，没拿到一张培训的单子"。于是，只有求助亲朋好友。这个企业的副总是甄老师的好朋友，在甄老师的恳求下，他们答应来试试，问到价格的时候，刘总经理根本不敢报价，只好说："你们先做培训，做完了之后，你们根据效果看着给吧，你们觉得值多少就给多少。"这一次的培训很成功，客户也很满意，于是开了一张3万元的支票给了刘总经理。

这一次的培训给了刘总经理很大的信心，他相信中国的企业需要团队精神，因此一定需要拓展训练。有了这样的一份自信，价格的制定也就容易了。人众人北京拓展训练学校自从开业直到2000年这5年里，销售价格逐年上升，据我所知，最高纪录曾是一人一天接近1300多元。

尽管拓展训练对于企业团队精神的建设、加强员工间了解和沟通、培养员工积极心态等方面有很大的促进作用，而且培训的形式新颖，培训的效果显著，但是，越来越高的培训价格让企业望而生畏，成了众多中小企业参加拓展训练的一道难以逾越的屏障。

我当年经历过这样的事情，很多企业的员工都非常想参加拓展训练，但是由于价格的原因，相当多的企业无法给员工安排这样的培训，于是，很多人就自己动脑筋、想办法参加拓展训练，其中的一个途径就是参加兼职培训师的招聘。我在广东招聘了一个兼职培训师，在上海招聘了一个人，但是他们都没有来，后来熟悉了，这两个人都向我"坦白"了当时他们来应聘培训师的真实目的，其实，就是想借这个机会来参加一次拓展训练。这个事情从一个侧面反映了拓展训练受欢迎的程度，同时也说明了拓展训练价格相对较高，企业无法承受的一个现实。

当时北京拓展训练学校几乎是不讲价的，这是垄断企业的基本特征，也是卖方市场的特征。除非是人数众多，或是与企业签订长期培训协议，人众人公司一般是不会降价的。即使降价，也是通过"让人头"的策略，比如，你的企业此次参训的人数有50人，每人每天的费用是1000元，总共培训费是5万元，但是作为优惠待遇，我允许你们来55个人，这5个人是免费的。这样一来，平均价格就变成了每人每天909元了，但是反映在协议上的价格仍然是：此次培训学员50人，每人每天培训费1000元。目的在于防止可能发生在客户之间的价格攀比。

但是，由于从事"拓展训练"的培训机构在市场上逐渐增多，"拓展训练"被人众人公司一家垄断的市场格局已经改变，竞争导致了价格的变化，"看不见的手"开始为"拓展训练"定价，曾经的暴利时代结束了，随之而来的是平均利润时代，在这个时代，越来越多的中小企业有能力来参加拓展训练了。

还有一个事实，就是人众人公司的生产能力有限。尽管人众人公司从1998年就开始通过加盟、派人开发新的市场、卖成熟的技术等方法不断地对外扩张，号称在全国有十几个分支机构，二十几个训练场地，每年培训约××万人次，但是对于我们这样一个幅员辽阔，有着十几亿人口的大国，如果只有人众人一家从事拓展训练的公司，那对于日益增长的客户需求来说，它的产能太低了，不敢说是沧海一粟，至少也是杯水车薪，因此，还会有大量地处边远的企业没有机会参加拓展训练。

但是，众多从事拓展训练的公司出现之后，改变了拓展训练只是在经济发达地区为"有钱人"提供"奢侈品"的状态，而使越来越多的中小企业足不出省、市就有了参加拓展训练的机会。

对于那些渴望"挑战自我，熔炼团队"的企业来说，这当然是一件好事。

试想，在"适者生存"的自然法则下，"拓展训练"这个产品的质量和服务迅速提升，而价格却在下降，在竞争中最大的受益者是客户，因为他们可以花相对少一点的钱，而享受更高品质的产品和服务，这种实惠，都是源于离开了人众人公司的那些员工。

从市场经济的角度看"拓展行业"的裂变是好事，但是从企业经营的角度看这件事，也就是从人众人公司创业拓展训练的"私心"来看，就是一件大大的坏事了。毕竟，中国的《反垄断法》面世已经是人众人公司推出拓展训练这个产品13年之后了（2007年8月30日第十届全国人大常委会第二十九次会议上表决通过了《反垄断法》，并宣布中国的《反垄断法》将自2008年8月1日起施行），所以人众人公司有大把的时间来争取到丰厚的回报。但是他们没有这样做，为什么呢？这些年对于企业的研究，我感觉原因在于书生创业者刘总经理在创业初期的企业管理上做错了三件事，如果当时不是这个算法的话，其他竞争对手就不可能那么轻而易举地分走一块蛋糕。

在人众人公司十年里，有过四次员工同时大批量离职的经历，这给人众人公司带来严重的损失，也给企业健康发展带来难以估量的影响。

事实上，在企业里个别员工因为"职业天花板"触头，或与主管关系不好，或是其他个人的原因而离职，是很正常的事，在企业界每天都有这样的事情发生。不久前，DDI（美国智睿咨询有限公司）的一项调查发现，"有61%的员工在未来一年内有'跳槽'的打算"。但是，不正常的是一个企业的大批员工同时离职。第一次是在2000年的年会之后，第一批的拓展兼职教练离开了，创办了三个同类企业。第二次是在2001年年中，北京学校的培训总监率领一批专、兼职培训师离职，创办了一个同类企业。第三次是2002年年底上海学校的大规模离职，前面已有详细说明。第四次是在2006年上半年，北京拓展训练学校培训部的专职培训师有60%~70%同时离开，还有一批兼职培训师。那时正是培训的旺季，大量的培训班没有人来接，人众人公司在各地的学校也有很多的培训，抽不出人来北京"救火"，急得刘总经理不惜舍下老脸请人去恳求昔日的一个部下"不要再挖"他的人了。之所以拎出这个话题，是因为只有明确企业运作的真实目的，才有可能从员工流失这个现象里面找到企业可以借鉴的经验和教训。

当然，现在说来都是"事后诸葛亮"，况且也是我的个人认识，但是我想，为了后面的创业者能够避开陷阱，为其提供成功的借鉴，也是一件功德无量的好事。

一错：创造品牌，而不是创造行业。

刘总经理成功地把外展训练的产品引入中国，并取名为"拓展训练"，创办了经营这种产品的人众人拓展训练有限公司。他的初衷是什么，也就是最初打算做这个事的动机是什么？

在公众场合，刘总经理表示做这件事是为了"创造一个快乐、自然的学习体验"，把一种全新的培训方式引进国内，让国人受益，是为了"做事业"。

这是真的吗？绝对是真的。

但是，所有这些听起来令人肃然起敬的高尚动机，事实上都是赚钱、赢利的副产品，是排在第二位的，如果这样一个"伟大的"事业不赚钱，刘总经理一定不会干，就是他肯干，其他人也不会跟着他干，因为企业的核心要义是产生利润，这是自亚当·斯密以来对企业经济活动目的最简约，也是最客观、最直截了当的描述。事实上，从人类社会发展的眼光来看，如果有一天人类能享受一种眼下我们难以想象的舒适、富足、快乐、健康的幸福生活，而且这种生活全都要依赖财富的创造，那么，会对"财富"有新的理解。因此能创造财富的企业才是令人尊敬的企业，能创造财富的人才是令人尊敬的人，但是，几乎所有已经创造了财富和正在创造财富的人都对这个动机讳莫如深，也许，人们的认识还有待提高。

首先需要说明的是，无论是什么样的新产品，有多高的科技含量，或是有多大的资金投入，只要它能产生高额利润，都没有办法阻止他人闯进这个市场抢夺份额，而创造了产品的企业能做的就是延缓企图进入者的行动，也就是说要尽量提高竞争对手进入的门槛儿。现在回过头来看，假如当年人众人公司在下面几个地方有所动作的话，竞争对手要迈过这个门槛儿也还真的有点困难，他们需要付出更多的努力才有可能进入这个行业。

但是，刘总经理和人众人公司的高层管理者们谁也没有做这件事。

刘总经理和人众人公司曾经不止一次地在各种场合、各种媒体上严正声明"拓展训练是人众人公司的品牌"，但是，如果你在互联网上搜索一下，会发现几百个"拓展"公司出现在电脑屏幕上，让你眼花缭乱。为什么这些公司都可以说自己是做拓展训练的呢，甚至还有很多培训机构直接就把自己的名字称为"×××拓展"。为什么会这样？难道自己创造的品牌也可以被别人随便用吗？

这里面有深刻的教训。如果你也想成立一家公司，为公司起一个名字是有学问的，一定要搞明白了再去工商局注册，否则你也会遭遇后来让刘总经理恨不得把牙都咬碎的悔恨。

按照国家工商局注册公司的流程，你首先要给自己的公司起一个名称，而这个公司名称应当由行政区划、字号（即公司名字）、行业、组织形式依次组成。例如，北京光辉新世纪信息技术有限公司，"北京"为行政区划，"光辉新世纪"为字号，"信息技术"为行业，"有限公司"为组织形式。

刘总经理注册公司时，用的是"北京人众人拓展训练有限公司"这个名字，那么，按照工商局的要求，"北京"是行政区划，"人众人"是字号，"拓展训练"是行业，"有限公司"是组织形式。在这个名字里，唯一严禁他人使用的是"人众人"三个字，而"拓展训练"既然被放在了行业的位置，就等于把它认定为一个行业。既然是一个行业，那么谁来做这个行业是没有限制的，张三可以开一个"张三拉面馆"，李四也可以开一个"李四拉面馆"，同理，你可以是"人众人拓展"，他也可以是"壹加壹大于贰拓展"或其他什么字号的拓展。

第九章 "拓展"的裂变

刘总经理当年在创办这个企业的时候,他一定想了很多,但他没有想到注册公司名字会有这样的规定。他本想创立一个培训的品牌,但这个疏忽却导致了"拓展训练"这个行业的产生,给很多垂涎于这块肥肉的人开辟了一条平坦的绿色通道,让他们在没有任何顾虑的情况下昂首挺胸地走进这个行业,理直气壮地经营起拓展训练,心安理得地分享刘总经理和人众人公司栽培的果实。短短的两三年里,在华夏大地上盛开了数不胜数的"拓展训练"之花。

当年有人粗略地分析和计算过,在北京的户外体验式培训市场上,应该有5000万~6000万元的市场份额。按照2000年人众人公司在户外体验式培训2000万元的销售额来看,至少有一半没有拿到,相当大的可能是流进了竞争对手的腰包,这是任何一个创业的企业都不愿意看到的。如果当年刘总经理再考虑细致一点,多听一些有创业经历者的建议,他人要想模仿人众人公司的模式,还真不是一件容易的事,因为不能叫"拓展训练",还能叫什么呢?当年为了给大家解释清楚什么叫"拓展训练",我们费了九牛二虎之力,却给后来的竞争对手铺平了道路。

当然,谁也不是神仙,在当时那种情况下,要预测出竞争对手什么时候出现,出现多少,对人众人公司会产生什么影响和后果,是一件非常困难的事。之所以要表达这样的后见之明,只是为了给后来的创业者提供一个可借鉴的企业经营案例。

二错:用法律保护,而不是用机制保密。

先模仿、后创新,是中国人的强项,不仅在今天让老外头痛,早在几个世纪前,就有人切身感知了中国人的这种能力,并惊出一身冷汗,"担心中国人会因为这种能力打败西方的出口贸易",因而向西方国家献计献策以消除忧虑。可是,500年过去了,这个问题还未曾解决,可见中华民族基因的强大。《大汗之国》是美国汉学家时井迁查阅了几个世纪以来外国人在中国生活的回忆录、日记和公文而完成的研究中国的著作,在书中他引用了一个16世纪在中国生活了十几年的西班牙传教士闵明我传记中的描述:"中国人极有复制的天赋,所有欧洲货物,他们只要见过,都可以仿制得惟妙惟肖。他们在广东复制了好几样东西,因为毫无瑕疵,就以欧洲进口的名义卖到内地了。"所以,面对国人的这种天赋,人众人当年对产品、技术的保密毫无意义,也毫无作用。

有形产品的保密是相当困难的,别说拓展训练的这些道具、训练架,就是飞机坦克这样的高科技产品,买回成熟的产品,专门人员对其工作原理、制造工艺、制作材料等进行分析,也会制造出新产品,很少有像可口可乐配方那样历经100多年还没有人能够解开它的谜。

拓展训练在中国的发生是第一次,它是体验式培训的一种方式,在培训的过程中它要使用很多项目的道具,而这些道具大多是人众人公司的培训师自己的创造。这些道具事实上都是可以申请专利的,特别是高空训练项目的综合训练架和单体的训练架,完全应该申请专利的保护。在那个阶段,恰恰是"拓展训练"的普及阶段,属于"纯体验"阶段,培训师的工作重心只在安全和流畅这两个方面,如果把这些训练架和大型道具用专利保护的话,就对企图进入者设置了高高的门槛儿,因为当时社会大众的认知还停留在拓展训练即等于在训练架上进行这个关键点上,没有这些训练架的机构就一定不叫"拓展训练"。

拓展训练有两大功能,即"挑战自我"和"熔炼团队",这也是刘总经理为拓展训练设计的宗旨,而其中的"挑战自我"多数就是在高空训练架上完成的,因此,通过专利法的保护,其他培训机构是不允许建设这种训练设施的。如果没有了这些高空挑战的项目,那么给学员的震撼和冲击就至少打了50%的折扣,在选择供应商的时候,对于少了一半功能的从事拓展训练的培训公司来说,不能不说是劣势明显。也许你会说,不允许做这些项目,我们可以创造另外一些高空训练项目,但是,如果你能在短时间内开发出一个既有强烈的心理挑战,又可以从中引申出深刻的内涵,既有万无一失的安全性,又相对有趣,同时还要考虑到研发这个项目的时间和机会成本的话,真不是一件容易的事。拓展训练在中国已经存在十几年了,可是,几乎所有培训机构的高空挑战项目千篇一律地照搬照套人众人公司最早的"断桥""空中单杠""天梯""缅甸桥""高空相依"和"攀岩",只有一个叫作"同心桥"的高空训练项目没有出现在人众人公司的基地里,但也是人众人公司早期的一个培训师的创意,因此开发一个项目真的不是一件容易的事。我在人众人公司从事项目开发的时候,很多客户希望我们有更加挑战的新项目,好不容易开发一个新项目,还要经过上级对安全和有效性的审查,批准预算,预测可能的收益等种种关卡,项目最终流产。

如果你发现或是研发了一个新的产品,请在第一时间把所有相关的发明申请专利,用法律的手段来保护你的劳动,你们的付出,而不要让竞争对手轻而易举地获取你和你的伙伴们用汗水浇灌出来的果实。

三错:忽略了员工的思想教育。

我与很多离开人众人公司的员工都有联系,有时也会聚在一起吃个饭,聊聊天儿,当然话题总是离不开当年在人众人拓展的"峥嵘岁月"以及为什么会离开人众人这个话题。我发现一个很有意思的现象,他们在谈到为什么会离开人众人公司时,几乎所有的人在三个事情的评价上惊人地相似:第一,还是很热爱拓展训练这个工作;第二,很敬佩刘总经理的为人;第三,实在无法忍受自己的主管的管理风格和在某些事情上的处理方式。

为什么会是这样一种"吾皇圣明,佞臣当道"的结果?美国盖洛普公司曾做过一项调查,发现了导致这个现象的可信原因。

在过去的25年里,盖洛普的咨询顾问与8万名中层经理和近百万的员工就离职和敬业的话题做过交流,得到了大量的第一手资料,并进行了总结和归纳,最后他们得出了如下的结论:

员工加入一个公司或企业,可能是慕名而来,但是他们能在这里待多久,在岗位上是否敬业,能不能化才干为业绩,则主要取决于他/她的经理是否优秀。如果经理平庸无能,即便公司声名如雷贯耳,老总个人魅力超群,都留不住人才。

经理决定你的工作环境,并时刻影响这种环境。如果有位经理对你寄予厚望，了解你，信任你，并对你投资，那么，即使公司不安排分红，你也不会在意；反之，如果你与经理的关系出现裂痕，那么无论是按摩椅服务，还是公司代员工遛狗，都无法使你留下来安心工作。

杰克·韦尔奇之所以有今天的成就，就是因为他的主管当年不惜一切地挽留了他，没有让他离开GE，否则就不会有GE今天的成就，也不会有世界第一CEO。

所以说，真正决定员工在公司能待多久和效率有多高的人是他的顶头上司——经理。

刘总经理是一个有人格魅力的人，否则他不可能凝聚那一批创业时的伙伴，然而，他可能没有想到的是，这些伙伴仅有忠诚和干事的愿望是不够的，他们还必须有能力独自打造一个团队，影响一个团队，也要有自己独特的人格魅力去凝聚自己所主管部门的员工，只有这样，他们才可以留住自己的员工，激发出他们最大的工作效能，并带领这些员工创造出优秀的业绩来，而不仅仅要他们做剩余价值的"榨汁机"。

作为刘总经理来说，不仅要给他们物质的回报，还应该给他们创造学习的机会，提高他们的领导能力和管理水平，因为他们在此之前都不是管理者，缺少管理的知识和经验，尽管他们都有热情和某一方面的长处，但要想成为一个称职的管理者还有很长的路要走。遗憾的是，刘总经理没有这样做，或是说没有认真地这样做，所以，每当他听到有员工抱怨和不满的时候，或是有员工提出离职的时候，他能做的只是放一个马后炮，请他们吃饭喝酒，耐心地听他们的抱怨，然后，诚恳地自我批评，检讨自己对他们"关心不够，今后一定如何如何"。但是，通常收效甚微，因为在一个员工公开地表示对自己的主管不满之日，差不多也就是他已经下定决心离开企业之时了。

作为一个创业者，如果你希望自己的企业能够从一棵小苗长成一棵参天大树，你不但要修炼自己，也必须修炼你的管理团队，不但要让他们愿意干，也要让他们会干。即使他们无法修炼成像你一样的超群的人格魅力，但刘备摔孩子这样的技能技巧是完全可以学会的，而且至少要让他们明白，每一个员工的流失，都可能意味着一个新的竞争对手的出现，而每一个竞争对手的出现，都会给企业带来严重的损害，都会毫不留情地把企业利润的蛋糕切掉一块。企业受到损害，也就意味着他们的个人利益也受到了损害，想一想当你发现在你身边那块赖以生存的沃土上生长着一些枝繁叶茂的其他植物，那你还有多少阳光雨露可以占有呢？

我们很多管理者从感情上会偏袒中层管理者，这是因为他们是自己人，他们在替自己管理员工，我必须支持他，因此一旦中层管理者与员工发生了矛盾，无论是谁的原因，倒霉的一定是员工。

因此，在修炼管理团队的同时，也应该和必须做好员工的思想教育工作。我们这里所说的员工教育，不是简单地要求员工要爱岗敬业，有责任感，讲诚信、讲奉献，这样一些东西冠冕堂皇，企业可以大张旗鼓地宣扬，员工也可以不假思索地认同，但是对于员工来说，当他遇到了具体的问题而下决心离职的时候，这些貌似强大、华丽的辞藻此刻变得苍白无力，丝毫不会影响他的决心和行动。我们所说的员工教育是指在企业留住人才这个问题上的员工"思想政治工作"，因为很多人，尤其是刚刚走进职场的年轻人，对成功的理解和人生目标的设立常有偏差，看到别人当了董事长、总裁而出人头地时的风光无限，羡慕不已，就把别人在某一事上的成功锁定为自己的人生目标，并为此付出代价去追求，可奇怪的是，无论怎样努力最终也无法达成目标，只好回到最初的起点，这个时候才发现，如果当初做出另外一个选择今天就会是另外一个天地了，可是时过境迁，为时已晚。

为什么会出现这样的事？其实这不是他们的错，有远大的理想和抱负不是错误，而问题的关键在于这些充满豪情壮志的年轻人身边缺少一个职业生涯的导师，一个做思想工作的人。如果在他们做出一种人生道路的选择之前，能够有人帮助他们扫描和定格自身的优势和劣势，长处和短处，帮助他们了解自身条件与成功的关系，扬长避短，为他们匹配最可能成功的工作岗位和人生道路，那么我相信，可能会有相当一部分人会吸纳忠告而一改初衷。

那么，去哪儿找到这样一位人生导师呢？

最近研读了许多有关管理的著作，其中有一本是美国著名管理学家肯·布兰佳的《一分钟经理人》。在这本书里，他介绍了一个叫作CEO的职位。这个CEO不是Chief Executive Officer，而是Chief Effectiveness officer。什么意思呢？翻译成中文叫作"首席效能官"。这个职位的官员（也许不是官儿）起什么作用呢？布兰佳在书中介绍说，在企业里他/她的职能是用3P的方法帮助不称职的员工和管理者。3P是三个英文单词的首个字母，即Priority（优先要务）、Propriety（合宜）、Commitment（执着），它是一种帮助员工和管理者提高效率和正确性的工作方法。也许你会奇怪，不是3个P吗，怎么最后一个是C呢？或许你还有其他的不解之处，建议你去读这本书，相信你读后一定会找到答案的。

提到这本书只是想说，要找到这样一个人生的导师，在企业里设立一个类似首席效能官的职位是一个值得借鉴的好办法。

在类似人众人这样的企业里，当发明和发现一种新产品或新项目，不可避免地，一定会有不少员工在掌握了生产和运作这个产品和项目的关键技术之后，由于各种各样的原因会萌生另立山头的想法，但是，去创业容易，可把业创成就难了。懂得技术和懂得管理是两回事，当一个技术员与当一个企业家需要不同的能力。经营香烟和快餐起家的郭士纳在来到IBM之前对计算机产业一窍不通，但并不妨碍他这个"门外汉"仅用了两年多的时间就把亏损的IBM变成营业收入达到700亿美元的"蓝色巨人"，而到2001年的时候，IBM总营业收入更是达到了884亿美元，净利润77亿美元，缔造了"郭士纳神话"。这是为什么？原因很简单，尽管他不知道如何提高计算机的运算速度，但他懂得如何经营一个企业，如何让一个企业赚钱；而在这些企业里的一些员工以为自己掌握了这个行业的技术就可以去舒舒服服地当一个老板了，殊不知，当一个老板你可以不懂技术，但你不可以不懂管理，不懂企业的经营之道，就算这些都不懂，但你不可以没有做老板的胆识、眼光、心胸、毅力、智力、德行等素质。我们很多年轻人心比天高，只是看到一些老板开宝马，住豪宅，花钱如流水，就立志成为那样的人，可是，他们看到的是这些老总功成名就的"人前风光"，却没有看到他们在成功之前的"人后受罪"。刘总经理当年风光无限，可是在2000年之后的那一段多事之秋里也曾发出过"干不下去，头疼死了"的悲鸣。当然更有一些人受了很多罪，最终也没有成为老板的故事。

后　记

　　本来到这里，"拓展训练"这个产品在前十年发展过程中逐步完善的故事就讲完了，可以画个句号了，但是，"拓展训练"在全国、在后面十几年的发展却乱成一锅粥，今后会怎样？我不知道。后面的历史可能不是由我来描绘了，因此，特别想把人众人公司最终的结局告诉大家。对于进入这个行业的新人来说，人众人公司是行业的创造者，它代表了这个行业发展过程中一个昌盛的时代，尽管它发生了这样那样一些不尽如人意的问题，但绝不能掩盖曾经是这个行业的领路人，是一个伟大公司的事实。

　　在2005年，刘总经理接受记者的采访，记者问到人众人公司在未来如何发展？

　　刘总经理说，十年里，他主要做了三件事情：找到了一种方式——国际体验式培训方式，建立了一个组织——人众人，开创了一个行业——中国体验式培训行业。创业十年后的公司，如何制定合理的发展战略，如何保持公司的可持续性增长，是他目前面临的最大任务。公司目前的工作核心是要在做强上下功夫。

　　记者曾这样报道："做大、做强还是做久？是企业界不断讨论的话题。刘力和人众人公司的选择是，首先要做强，然后考虑做大和做久的问题。"

　　但是，在2011年，刘总经理和人众人公司的董事会决定把公司卖了，这个决定好像与上面所说公司"先做强，再做大做久"的发展战略毫不相干，既没有选择做强，也没有选择做大做久，而是选择了套现。

拓/展/训/练/简/史

　　这件事在行业里掀起了轩然大波,当行业里的人们看着穿梭在北京大街小巷的公交车上"安博人众人"满车身的广告时,都傻眼了:"这是要干什么?我们还有活路吗?"

　　这个时候,我已经离开人众人公司多年了,自然不会知道这件事是如何"密谋"的。但是,我一点都没有觉得意外,因为早在2000年的一个夏夜里,甄老师来青龙湖基地,大家闲聊,他就特别地提到了公司上市的事情。我记得当时七八个人穿着背心短裤,围坐在院子里的路灯下喝茶。此时,人众人公司已经走上了健康发展的轨道,业务量不断攀升,2000年年底的时候北京加上各地分支机构的销售额已经突破了3000万元,继续攀升已毫无悬念。事业前景一片辉煌灿烂,公司管理层的人个个志得意满。人在这个时候就敢想了,甄老师说:"我们(人众人)未来肯定是要上市的,虽然我们的固定资产没有那么多,但是公司的无形资产——'人众人'这三个字的品牌价值应该有2000万元吧,这就够了。"

　　十年过去了,公司上市的梦想就一直在梦里。

　　最主要的原因就是公司体量太小,当年北京拓展训练学校成立的时候,刘总经理通过培训中心的同事关系在西城区华融公司借了200万元。后来,在成立人众人公司的时候,没有地方借了,就让大家按照分配好的股份来集资,定的是200万元的盘子,我也是东拼西凑才凑齐了我的3%的入股钱。那天大家把钱都拿到了办公室里,装在一个旧式的旅行袋和另一个类似麻袋那样的大口袋里,准备存到银行去。会计高姐一个人不敢去,生怕被人抢了,公司就派我和另外两个又高又壮的小伙子一起护着大家的血汗钱开车去亦庄的银行。那天阳光明媚,春风和煦,是一个难以忘怀的日子。我们眼看着银行职员数完钱,才放心地离开。

　　十年中,尽管公司发展步伐稳健,业务规模不断扩大,销售额持续上升,但是股东从未得到分红。公司不断地按照股份的比例增持股份,并且为了给后来骨干员工以希望和动力,人众人公司把当初创业时做过一些贡献的外部股东的股权全部高价买回,分给了这些员工,既然扩股,自然增资,投资额达到了700万元，但按上市的要求还是少了点儿。

根据《公司法》的规定，股份有限公司申请其公开发行的股票上市必须具备下列条件：

（1）股票经国务院证券管理部门批准已向社会公开发行。

（2）公司股本总额不少于人民币5000万元。

（3）开业时间在3年以上，最近3年连续赢利。

（4）持有股票面值达人民币1000元以上的股东人数不少于1000人，向社会公开发行的股份达公司股份总数的25%以上；公司股本总额超过人民币4亿元的，其向社会公开发行股份的比例为15%以上。

（5）公司在最近3年内无重大违法行为，财务会计报告无虚假记载。

（6）国务院规定的其他条件。

那么，根据这个法律，人众人公司要想上市IPO，道路还有点远，所以当安博教育这个实力强大，2010年8月5日在美国纽交所挂牌上市的"大公司"向人众人公司伸出橄榄枝的时候，刘总经理动摇了。这种"给一部分钱，给一些股份，一起上市吧"的策略对于国内众多教育培训机构创业者应该是很有诱惑力的，不知道刘总是否被诱惑了，但是董事会的大多数人一定是被诱惑了，从结果看，人众人公司接过了这根橄榄枝。

人众人公司卖掉之后的一些年里，在各种偶然的场合，我遇见过多位当时在人众人，现在在安博人众人一起工作过的同事，他们根据自己的经历给我讲了一些交易前后发生的事情，以下的文字是根据他们的描述和一些公开发表的资料整理的。

2011年安博教育以7000万元人民币价格收购了人众人公司，但是当合同签署，所有手续办好，公司名称改成"安博人众人"之后，安博方面一直没有把收购的款项给到人众人公司，几经交涉之后无果，人众人公司只好把安博教育告上法庭。在法庭审理的过程中因为调查取证的困难，拖了很长时间。在这段时间里，意想不到的是安博人众人在全国业务量大增，销售额达到了空前的1.3亿元。自然，这些财富全部流进了安博教育的腰包。随后，安博拿着人众人赚的钱，给了人众人大部分的收购款，仍然拖欠了一部分。

资本市场的商人赚钱的手段实在是高，此次收购，相当于安博教育没有花一分钱就把人众人公司经营了16年所获得的一切——人众人的公司品牌、在行业中的影响力、拓展训练的技术、懂技术的管理者和员工、全国的基地，特别是用了十几年的心血积累的所有客户全部收入囊中。

孙子兵法曰："故上兵伐谋，其次伐交，其次伐兵，其下攻城。"意思是，上等的军事行动是用谋略挫败敌方的战略意图或战争行为，其次就是用外交战胜敌人，再次是用武力击败敌军，最下之策是攻打敌人的城池。

在行业中总有一些想赶超人众人公司的公司，如前面讲过的"衡远"公司，还有实力强大、已经在纳斯达克上市的5.1JOB，但是，如果以"攻城"的战法来打，基本上是每战必败，因为这些赶超者都是在用自己的劣势来和人众人公司的优势比拼，你有多大的胜算呢？焉有不败之理。

安博教育的打法可真是高明，和气生财，不必刀兵相见，用个计谋，兵不血刃地一切搞定。

这个计谋一点都不新鲜，老祖宗孙武早在2600年前在《孙子兵法》三十六计中就讲到了这一计——笑里藏刀。这个计谋就是利用目标人贪小便宜的心理，许给目标人以诸多好处，当目标人放松警惕或是失去抵抗能力之后，再去实现自己真实的目的。

安博教育事先经过周密的调查把人众人公司在行业中的地位和赢利能力做了清楚的了解，并确信该公司在未来发展中的巨大潜力，可是，这样优质的公司怎么听命于我安博呢？那就是给钱，几千万现金的巨款，如果还嫌不够，再抛出足够有诱惑力的股份，捆绑上市，至于这个钱什么时候给你，我说了算。拖上一年半载，到时候说不定我都不用花自己的钱，用你的公司挣的钱就可以付给收购你的钱了。至于股份那还不是我说了算，公司有钱才分红，没有钱拿什么给你分。如果你拿了我安博的钱，还想独立经营，没有问题，我可以答应你，但是只是公司属于我安博了，独立与不独立要我说了算才行啊。

真聪明啊！一个小小的计谋，就把人众人公司整个管理层都绕在里面了。

我最初听到这个消息的时候，感叹刘力兄把自己亲手养大的儿子（人众人公司）给卖了，可我家人听到这个事情的时候，理解的比我更加透彻，他们说："刘总经理把公司卖了，事实上更像是亲手把一只刚孵出的小鸡，喂水喂食，精心呵护，一天天地养大，养成产蛋率极高的母鸡时，然后就以鸡的价格给卖了。"此比喻更加形象，然后这只高产的母鸡天天给新主子下蛋，一只蛋的价格就足够付给人众人公司了。从2011年开始，年年都给安博下一个金蛋，至今还留在安博的小兄弟告诉我，上一年安博人众人的销售额是9000万元，几年下来，几个亿是有的；而人众人公司以7000万元就把这只下金蛋的母鸡给卖了。

我在听到这个消息的时候，也不知道为什么，但是凭着我对人众人公司各位老股东的了解，思来想去，恐怕也只有一个原因了。

古罗马的哲人说：人不是被事物本身困扰，而是被他们关于事物的意见困扰。

当安博抛出了"给一部分钱，给一些股份，一起上市吧"这个散发着诱人香味的鱼饵在人众人公司的这些人眼前晃悠的时候，我相信刘总经理不会轻易"上钩"的，他一定会审慎地对待这件事的，可当这群一起帮忙打天下的兄弟姐妹们知道了这个情况，那就肯定会一口死死咬住这个诱人的鱼饵再不放嘴的，创业十五年了，起早贪黑是真的辛苦啊，也该是收获的时候了，如果再挣不到钱，就快干不动了，他们中有的人已经到了该退休的年龄了，所以，当这么多钱放在眼前，不让动能行吗？

此时，曾经"铁了心"的核心团队的铁心开始熔化，曾经"坚不可摧"的铁桶出现了裂纹，欲望的馋涎淹没了早年的共同愿景，在他们的眼里看不到刘力是谁了，因为此时满眼尽是"黄金甲"了。孟子曰："吾四十不动。"孟子在自己40岁的时候就不为名利而动了，而这些手下"将士"已经五六十岁了，为钱财而不顾一切，到底就是凡人啊！

前不久读了黑格尔的《哲学史讲演录》，其"开讲辞"说："时代的艰辛使人对于日常生活中平凡的琐屑兴趣予以太大的重视，现实上很高的利益和为了这些利益而做的斗争，曾经大大地占据了精神上一切的能力和力量以及外在的手段，因而使得人们没有自由的心情去理会那较高的内心生活和较纯洁的精神活动，以致许多较优秀的人才都为这种艰苦环境所束缚，并且部分地被牺牲在里面。"

这一长句，是人生感悟，是先贤对人生透彻的洞见，给我极大的震撼，想起了刘总经理，想起了人众人公司的出卖，刘总经理定是为了这些金钱的追随者牺牲了自己"先做强，再做大做久"的事业梦想，也是无奈的牺牲者之一吧。

所以，这样的局面一定不是刘总经理最初想要的，但是，为什么会同意这样做？天性使然。赫拉克利特说"性格即命运"。

安博对已经收购到手的人众人公司开始了从财务到人事的全面治理，人众人公司曾经的高管团队，从刘总经理开始基本上被架空，没有了任何实权，这可能是这些"老人儿"即使拿了钱也无法忍受的事情。于是，既然已经撕破了面皮，不如就更加彻底一些吧。

很快，人众人公司最初创业的那几个人，怂恿或是逼迫刘总经理离开了安博，又竖起一杆号称"人合众人"的大旗，开始了真正的二次创业。可是，还没有几个月，那个留在安博人众人，没有响应刘总经理"脱离安博"号召的人，人众人公司曾经的副总裁，把人合众人公司告上法庭，罪名是"侵权"。因为"人合众人"这个公司名称与"安博人众人"公司的名称相似度太高，此时，中国法治程度已经很高了，如有生意纠纷，必以法理处之。于是，工商方面要求刘总经理的新公司立刻更名，否则不得继续经营。无奈，刘总经理只好把新公司的名称改为"人合正道"。

自然界的竞争"犹以同一物种生物之间的斗争最为剧烈"。这个收购项目除了具体数额是高度商业机密，只有两家公司的核心人员才可能知道，其他整个过程基本属实，因为安博教育从2008年就开始了它在全国教育行业的收购之路。2008—2009年，安博教育共计花费超过16亿元（其中约12亿元的现金，另加等值4亿元的待上市的股票）收购20多个项目。2008年10项收购，2009年13项收购。

收购人众人公司不过是它众多收购项目其中之一，收购的方式基本上是一样的。2013年3月，凤凰财经的记者写过一篇有关安博人众人爆发离职潮的文章，题目是《安博困局》。其中描述了安博教育此前收购长沙同升湖学校的做法，后来，此校的创立者、长沙亚兴置业发展有限公司董事长王忠和认为，自己当初受了安博教育的欺诈，轻易地把学校拱手出让。2009年8月11日，安博教育与亚兴置业签订协议，以"一半现金加一半股票"的方式，用8391万元现金和8388万元等值待上市股票份额，收购了同升湖学校。亚兴置业遂向安博教育移交了100%的经营权和经营所得权，而在安博教育成功登陆纽交所，并过了180天的锁定期，亚兴置业提出转股要求时，安博方面却不予办理转股手续，导致王忠和手中所持股票只是一张"空头支票"。安博最后拖欠人众人公司的，恐怕也是这样一张空头支票。

不管这件事的真实度有多高，我觉得真的无关紧要，而重要的是从此，人众人公司消失了，实践了从先驱到先烈的转变，因为今天任何一家号称"人众人"的公司，都不是原来意义上的人众人公司。公司被安博教育收购的前后，已经有一部分不看好人众人公司前程的员工和管理者离开了公司，没有离开的一部分去了安博，另一部分跟着刘总经理去了"人合正道"。据说这次分家的过程是惨烈的，两个公司都在一个办公楼里，分家的时候员工是自愿选择的，当一个前人众人公司的培训主管——负责全国培训师的培训，抱着自己的办公用品从"人合正道"的办公室向"安博人众人"的办公室走去的时候，被华嫘发现，她一个俯冲从地面上滑过去一把抱住即将迈出办公室大门的这位主管的一条腿，死死地抱住，说什么都不允许他离开，哭泣着求他留下，可是，你可以抱住他的腿，你怎么可以抱住他坚决要离开的心呢？结果，最初的人众人公司四分五裂，任哪一个都不是原来的人众人公司了。拓展训练行业从2011年开始，进入了一个"带头大哥已死，江湖兄弟肆意妄为"的纷乱局面。过去无论如何还有个行业标杆，不明白的时候还可以打听一下"老大"的做法，仿之即可，而现在，只能靠自己了，于是只要能挣钱，管它明天是不是"洪水滔天"。

这些年，几次去过岳麓书院，记得其中一个联句："是非审之于己，毁誉听之于人，得失安之于数。"感觉所云极是，一件事的发生，自己怎样看，别人怎样评价都不重要，其实得与失都有自己的定数。

年轻时读过的《再别康桥》不自觉地浮上心头：

"轻轻的我走了，正如我轻轻的来；我轻轻的招手，作别西天的云彩。

悄悄的我走了，正如我悄悄的来；我挥一挥衣袖，不带走一片云彩。"

伟大的人众人公司，请一路走好。

李冈臨

2018年11月于北京万寿书斋